功能性健身动作指导丛书

弹力带

训练全书

▶ 精编视频学习版

崔雪原_编著

人民邮电出版社

北京

图书在版编目（CIP）数据

弹力带训练全书：精编视频学习版 / 崔雪原编著
. -- 北京：人民邮电出版社，2023.5
（功能性健身动作指导丛书）
ISBN 978-7-115-61425-4

Ⅰ．①弹… Ⅱ．①崔… Ⅲ．①身体训练 Ⅳ.
①G808.14

中国国家版本馆CIP数据核字(2023)第062301号

内 容 提 要

本书针对弹力带这一健身常用的小器械，进行了基础知识和训练动作的讲解，并提供了针对不同人群、部位等的训练方案。在训练动作讲解部分，本书精选了 90 余种针对肩部、胸部与背部、手臂、核心与腰腹、臀部与下肢、全身及爆发力的动作，对动作练哪里进行了介绍，对动作如何做进行了分步骤图文讲解，还提供了部分动作的专业演示视频，能帮助读者更好地理解每个动作的功效，掌握每个动作的全程和细节，从而挑选与自身需求相匹配的动作。

相信通过阅读本书，有健身需求的普通人将能够系统掌握弹力带训练的方法，健身教练、体能教练等专业人士将能够更好地提供锻炼指导服务。

- ◆ 编　著　崔雪原
　　责任编辑　刘　蕊
　　责任印制　彭志环
- ◆ 人民邮电出版社出版发行　　北京市丰台区成寿寺路 11 号
　　邮编　100164　电子邮件　315@ptpress.com.cn
　　网址　https://www.ptpress.com.cn
　　北京虎彩文化传播有限公司印刷
- ◆ 开本：700×1000　1/16
　　印张：8　　　　　　　　　2023 年 5 月第 1 版
　　字数：161 千字　　　　　2025 年 9 月北京第 4 次印刷

定价：39.80 元

读者服务热线：(010)81055296　印装质量热线：(010)81055316
反盗版热线：(010)81055315

目录

CONTENTS

第1章 关于弹力带

1.1 弹力带简介　　　　　　2
来源与发展　　　　　　　2
主要应用领域　　　　　　2

1.2 弹力带训练　　　　　　3
弹力带训练的作用　　　　3
弹力带训练的优势　　　　4
弹力带训练的注意事项　　4

1.3 弹力带的选择　　　　　6

第2章 训练方案

2.1 低头族训练方案　　　　8

2.2 跑步爱好者训练方案　　10

2.3 "996"工作者训练方案 12

2.4 手臂强化训练方案　　　14

2.5 肩背强化训练方案　　　16

2.6 胸部强化训练方案　　　17

2.7 臀腿强化训练方案　　　18

2.8 腰腹强化训练方案　　　19

2.9 激活热身训练方案　　　20

2.10 稳定性提升训练方案　22

2.11 全身运动训练方案　　24

第3章 训练动作

3.1 肩部训练动作　　　　　26

站姿 - 双臂前平举　　　　　　26
站姿 - 双臂侧平举　　　　　　27
站姿 - 弓步 - 水平外展　　　　28
站姿 - 双臂肩上推举　　　　　29
站姿 - 双臂推举　　　　　　　30
站姿 - 单侧肩关节内旋　　　　31
站姿 - 单侧肩关节外旋　　　　32
站姿 - 单臂水平外旋　　　　　33
站姿 - 单臂水平内旋　　　　　34
站姿 - 肩胛骨运动　　　　　　35
站姿 - 双臂高拉　　　　　　　36
站姿 -Y 字激活　　　　　　　37
站姿 -T 字激活　　　　　　　38
站姿 -W 字激活　　　　　　　39
迷你带 - 站姿 - 肩关节三方向激活 40
站姿 - 单臂稳定上提 - 外固定　41
站姿 - 单臂稳定下砍 - 外固定　42
瑞士球 - 俯卧 - 肩关节过顶前屈 43

3.2 胸部与背部训练动作　　44

站姿 - 飞鸟　　　　　　　　　44
站姿 - 斜飞鸟　　　　　　　　45
站姿 - 肩关节单臂水平内收　　46
站姿 - 双臂胸前水平推　　　　47
站姿 - 双臂胸前斜上推　　　　48
弓步 - 斜下推　　　　　　　　49
瑞士球 - 坐姿 - 双臂胸前推　　50
瑞士球 - 仰卧 - 双臂胸前推　　51
瑞士球 - 仰卧 - 飞鸟　　　　　52
哑铃 - 仰卧 - 双臂胸前推　　　53
俯卧撑　　　　　　　　　　　54
跪姿 - 俯卧撑　　　　　　　　55
站姿 - 双臂高位后拉　　　　　56
站姿 - 双臂水平后拉　　　　　57

III

单臂剪草机后拉 58

站姿 – 双臂下拉 59

站姿 – 反向飞鸟 60

站姿 – 双侧耸肩 61

跪姿 – 斜角下拉 62

坐姿 – 直腿后拉 63

瑞士球 – 坐姿 – 双臂后拉 64

3.3 手臂训练动作 65

站姿 – 单侧臂屈伸 65

站姿 – 双臂水平臂屈伸 66

站姿 – 双臂过顶臂屈伸 67

俯身 – 双侧臂屈伸 68

分腿站姿 – 单侧臂屈伸 69

站姿 – 双臂弯举 70

站姿 – 双臂反向弯举 71

站姿 – 单臂水平弯举 72

站姿 – 前臂旋前 73

坐姿 – 单侧伸腕练习 74

坐姿 – 单侧屈腕练习 75

训练椅 – 双侧臂屈伸 76

3.4 核心与腰腹训练动作 77

旋转上提 77

旋转下砍 78

站姿 – 躯干侧屈 79

站姿 – 风车练习 80

站姿 – 躯干旋转 81

仰卧 – 双腿臀桥 82

侧桥 83

弓步平衡 84

站姿 – 侧方阻力平衡 85

单腿 – 反向平板 86

迷你带 – 登山练习 87

迷你带 – 四点支撑 – 髋关节三方向激活 88

仰卧 – 卷腹 89

半跪姿 – 挺身 90

3.5 臀部与下肢训练动作 91

深蹲 91

双腿半蹲 92

半蹲位 – 单腿静力 93

弯举 – 分腿蹲 94

后腿抬高分腿蹲 95

阻力 – 动态分腿蹲 96

阻力前弓步 97

迷你带 – 半蹲 – 侧向走 98

迷你带 – 半蹲 – 直线走 99

站姿 – 双腿硬拉 100

站姿 – 单侧髋后伸 101

站姿 – 单侧髋前屈 102

站姿 – 单侧髋内收 103

站姿 – 单侧髋外展 104

站姿 – 单侧髋外旋 105

站姿 – 双脚提踵 106

迷你带 – 坐姿 – 双侧髋外展 107

坐姿 – 单侧踝背屈 108

坐姿 – 单侧踝跖屈 109

单侧足内翻 110

迷你带 – 双侧足外翻 111

仰卧 – 单腿蹬 112

俯卧 – 单侧屈膝 113

侧卧 – 单侧伸膝 114

3.6 全身及爆发力训练动作 115

深蹲后拉 115

深蹲前推 116

分腿蹲 – 后拉 117

深蹲跳 118

爆发力上台阶 119

跳跃踢臀 120

阻力跳箱 121

站姿 – 爆发力前推 122

在线视频访问说明 123

作者简介 124

第 **1** 章

关于弹力带

■ 弹力带简介　　■ 弹力带训练　　■ 弹力带的选择

弹力带简介

来源与发展

弹力带是由乳胶制成的一种小型健身训练器材，在 20 世纪 70 年代就已被应用。弹力带最初被用在医疗康复领域，患者利用弹力带进行低强度抗阻训练来促进身体康复。如今，在市面上可以看到各种类型和不同阻力的弹力带，它们适用于各个年龄段以及不同健康水平的人群，深受健身及运动爱好者、受困于身体物理性损伤人群的喜爱。

主要应用领域

弹力带的主要应用领域包括医疗康复领域和健身领域。

在患者康复过程中，肌肉力量的恢复和提高尤为重要。为了提高肌肉力量，患者需要进行不同程度的抗阻训练。20 世纪 70 年代中期，一些外科医生发现医疗中使用的橡胶管具有质地轻、长度易调整的优势，他们将这些橡胶管系在患者床头，并通过调整尺寸来获取不同阻力的方式帮助患者进行康复训练，从而达到增强力量的预期效果。后来，这些橡胶管逐渐演变为各种阻力、各种尺寸和各种颜色的弹力带，并在医疗康复领域得到了更广泛和更深入的应用。

此外，近年来，弹力带在传统健身领域的应用也得到了进一步的认可和推广，这是因为人们通常会采用逐渐增加负荷的方式来进行抗阻训练。随着负荷的不断增加，肌肉所承受的压力越来越大，肌肉功能也会越来越强。这种通过逐渐增加阻力使肌肉受到刺激并逐渐适应的训练方法被称为"渐进式负荷训练"，而弹力带正是这种可以提供持续、可调节阻力的训练工具，且具有方便携带的优点。

弹力带训练

弹力带训练的作用

如果正确使用和坚持训练，一根小小的弹力带也会给你带来意想不到的收获。它不但能使你的体格变得更加强壮，还能提升身体的各项健康指标。

1 增加肌肉力量和骨骼强度

强健的骨骼和肌肉力量是相辅相成、互相促进的。骨骼强度依赖于骨密度，而有力的肌肉、充足的运动量能很好地促进人体对钙的吸收，从而提升骨密度。弹力带可提供不同强度的阻力，这一特质在提升肌肉力量的训练方面极具优势。

2 增加肌肉维度

肌肉维度也就是肌肉横截面的大小。在训练中加入弹力带，可以增加训练的阻力，给肌肉带来更多的刺激，起到增加肌肉维度的作用。

3 提升肌肉控制力，改善身体平衡

如果想掌握弹力带的弹性，练习者在训练时就必须专注于力量和速度的控制，肌肉需要随着弹力的改变不断提升控制力，同时掌握好身体平衡。

4 改善新陈代谢和血液循环系统

弹力带可以和多种器材组合使用，给训练带来更多变化和乐趣。而多样化的训练，有助于提升新陈代谢水平，促进体内的血液循环。

5 提升身体柔韧性

弹力带训练可以是局部的，也可以是全身性的。弹力带的延展性可以使四肢和躯体充分打开、翻转，提升身体柔韧性，还可以使关节更加灵活。

关于弹力带

训练方案

训练动作

弹力带训练的优势 ▬

相比于其他运动器材，弹力带具有以下优势。

（1）弹力带的适用人群广。无论对患有伤病需要进行康复训练的人，还是高水平的专业运动员来讲，弹力带都是很好的锻炼工具。

（2）与那些大型的、沉重的健身器械相比，弹力带使用起来更加方便，而且练习范围也更加广泛。小小的空间就可以满足人们使用弹力带训练的需求，家中、办公室都可以，不用专门去健身房，甚至出差时也可以随身携带。事实上，大部分健身器械所能完成的训练用一个弹力带就能够完成。

（3）弹力带可以使训练分阶段地进行。弹力带有不同的规格，练习者可以根据自身力量的进阶水平，逐渐选择阻力更大的弹力带。而在练习者受到伤病困扰时，还可以通过调节阻力，进行康复训练。

（4）弹力带的锻炼角度广泛。弹力带良好的延展性，可以使练习者从不同角度来锻炼肌肉，包括向心训练、离心训练等。

弹力带训练的注意事项 ▬

虽然弹力带训练有诸多优势，但是在使用时，也要注意正确的训练方法，否则不但起不到相应的作用，甚至会造成运动损伤。

1 制订适合自身情况的训练计划

每个人的身体状况不同，使用弹力带训练前，需要根据自己的健康状况来设计、调整和优化训练计划。另外，对于关节部位有病痛的人群来说，首先要进行 1 ~ 2 周的模拟弹力带动作训练，即不用弹力带，仅仅做出弹力带训练的动作，让肌肉对动作进行记忆。这样做，可以使正式使用弹力带训练时的训练效果更好，同时也防止关节的再次受伤。

练习者还可以根据训练目的来制订训练计划，比如男士为了增加肌肉维度，可以采用阻力大、次数少的训练计划；女士为了使身体看起来更纤细，可以采用阻力小、次数多的训练计划。

2 选择合适阻力的弹力带

每个人的肌肉力量不同，适合进行训练的弹力带阻力也会有所不同。很多练习者只使用一个弹力带来训练，这样做是可以的，但并不科学——因为身体部位不同，对训练所需阻力的要求也不同，比如训练肱三头肌时，需要使用阻力小一些的弹力带，而在做胸前推的复合训练时，则需要使用阻力大一些的弹力带。

3 训练姿势

训练时要保持正确的姿势。

（1）抬头。我们在生活中，由于长期的不良坐姿，很多人会形成头部前伸的习惯。如果这个姿势也保留至训练过程，颈椎的生理弯曲就会被人为地改变，引起颈椎周围肌肉的僵硬，以及颈椎退化。因此，在使用弹力带进行训练时，要保持头部抬起，同时下颌微微内收。

（2）挺胸。人体在挺胸并保持肩部放松的状态时，身体的关节刚好处于最合适的位置，保证关节在训练期间正常运转，不会产生磨损。

（3）收腹。收紧腹部的同时保持背部挺直，可以增加动作的稳定性。

（4）膝关节和脚尖的方向保持一致。如果膝关节和脚尖方向不一致，膝关节在训练中会不自觉地产生扭转，造成运动损伤。如果方向一致，身体稳定性会更好，训练效果也更为显著。

4 2小时原则

在运动完 2 小时后，虽然肌肉可能会有轻微的酸痛，但关节和肌肉的疼痛不应该越来越严重。如果疼痛超出可承受范围，可能是训练的方式有误，或者弹力带的选择有误。下次训练时，需要对训练内容做出调整。

5 训练前要热身

训练前进行热身，可加速血液循环，调动身体机能，以适应训练需求。

6 保持呼吸

任何时候都不要屏住呼吸，否则会使血压增高，引起头晕或其他不适。

7 有规律地进行训练

每周训练 2 次至 3 次。

8 有控制地进行训练

首先要控制动作幅度不要超过关节活动的最大范围；其次要缓慢、有控制地执行动作，不要让弹力带回弹速度过快。

9 其他注意事项

指甲不要太尖太长，避免划破弹力带。定期检查弹力带，避免使用有破损的弹力带等。

1.3 弹力带的选择

选择适合自己的弹力带，也是一件重要的事情。一般来说，练习者可以从以下几个方面进行考虑，对弹力带做出选择。

1 颜色

制造商对于弹力带的阻力设置并没有统一的标准，但可以从弹力带的颜色来比较它的强度和阻力。颜色越浅，阻力越小；颜色越深，阻力越大。比如粉色和黄色的弹力带颜色最浅，阻力最小；绿色和红色的弹力带颜色稍深，阻力中等；黑色和灰色弹力带颜色最深，阻力最大。在选择时，在考量理论阻力的基础上，还要多试拉一下，根据自身的感觉，选择阻力最合适的弹力带作为训练工具。

2 外形

弹力带的外形有两种，一种是薄平的带状，这种形状最为常见；另一种是管状，也被称为弹力管。带状的弹力带，可以根据自己需要的长度进行切割，使用完可以卷折起来，携带很方便，还可以单独购买手柄与其进行组装。管状的弹力带更粗，带有手柄，末端更为牢靠和稳固，也更加耐用。

一般来说，如果没有进行过抗阻训练，最好先选择弹力带，然后再进阶到用弹力管训练。

第2章

训练方案

- 低头族训练方案
- "996"工作者训练方案
- 肩背强化训练方案
- 臀腿强化训练方案
- 激活热身训练方案
- 全身运动训练方案
- 跑步爱好者训练方案
- 手臂强化训练方案
- 胸部强化训练方案
- 腰腹强化训练方案
- 稳定性提升训练方案

2.1 低头族训练方案

现今，在地铁、公交车里可以看到，上班族几乎个个都作"低头看屏幕"状，有的看手机，有的掏出平板电脑上网、玩游戏、看视频，每个人都想通过盯住屏幕的方式，把零碎的时间填满。这部分人群被称为"低头族"。

这种生活方式不仅影响到人与人之间的正常交流，更是严重损害着人体健康。对低头族来说，长时间低头玩手机、平板电脑等容易造成颈肩部肌肉僵硬、痉挛，最容易引发的危害就是颈椎疾病。长此以往，人体形态从外观上看可能会表现为圆肩、驼背、颈前探，从解剖生理层面讲，会使颈椎的生理曲度变直，导致脑供血、供氧不足，产生失眠、情绪烦躁、头晕目眩等症状。科学锻炼可以有效改善长期低头带来的颈部僵硬，缓解颈部疼痛。

1 站姿 – 单臂水平外旋
每侧 10 次 / 组，2 组，无间歇
第 33 页

2 站姿 – 单侧肩关节外旋
每侧 15 次 / 组，2 组，间歇 30 秒
第 32 页

3 站姿 – 肩胛骨运动
15 次 / 组，2 组，间歇 30 秒
第 35 页

4 瑞士球 – 俯卧 – 肩关节过顶前屈
10 次 / 组，2 组，间歇 45 秒
第 43 页

5

站姿 – Y 字激活
8次/组，1组，无间歇
第37页

6

站姿 –T 字激活
8次/组，1组，无间歇
第38页

7

站姿 –W 字激活
8次/组，1组，无间歇
第39页

8

半跪姿 – 挺身
每侧12次/组，2组，间歇30秒
第90页

2.2 跑步爱好者训练方案

　　跑步逐渐成为一种流行的健身与生活方式。跑步带来的益处包括预防疾病、增强肺活量、促进健康以及使人精力充沛等。但是，许多人对跑步狂热追求的同时，却忽视了其可能对人体关节产生的不良影响，尤其是那些一年中参加多场马拉松赛事（迷你、半程、全程）的跑步爱好者、跑步姿势不正确的初级跑者以及力量基础差的跑者，他们出现膝盖、脚踝疼痛的概率更高。下面的训练计划是针对跑步爱好者制订的，可以有效提高跑者专项体能。

1 仰卧 - 双腿臀桥
10 次 / 组，2 组，间歇 30 秒
第 82 页

2 侧桥
每侧 45 秒 / 组，2 组，间歇 30 秒
第 83 页

3 弓步平衡
每侧 60 秒 / 组，2 组，间歇 30 秒
第 84 页

4 双腿半蹲
15 次 / 组，2 组，间歇 45 秒
第 92 页

5 迷你带 – 半蹲 – 侧向走
每侧 10 米 / 组，1 组，无间歇
第 98 页

6 迷你带 – 半蹲 – 直线走
10 米 / 组，1 组，无间歇
第 99 页

7 坐姿 – 单侧踝背屈
每侧 15 次 / 组，2 组，无间歇
第 108 页

8 站姿 – 双脚提踵
10 次 / 组，2 组，间歇 60 秒
第 106 页

9 迷你带 – 登山练习
8 次 / 组，2 组，间歇 60 秒
第 87 页

关于弹力带

训练方案

训练动作

2.3 "996"工作者训练方案

　　"996"是用来表示工作时间的词汇，具体是指早上9点上班，晚上9点下班，一周工作6天，体现了现在上班族繁忙的工作状态。在这种情况下，大多数人可能会出现骨盆前倾、腰椎过度前伸、肩背部僵硬等身体问题，更糟糕的是他们不会有很多的时间去健身房锻炼来改善不良的身体状况。因此，此类人群一定要注意科学锻炼。下面的计划简单、方便，却能很有效地避免产生不良体态以及缓解各种身体僵硬。

1
仰卧 – 双腿臀桥
10次/组，2组，间歇30秒
第82页

2
仰卧 – 单腿蹬
每侧12次/组，2组，无间歇
第112页

4
站姿 – 单侧髋后伸
每侧10次/组，2组，无间歇
第101页

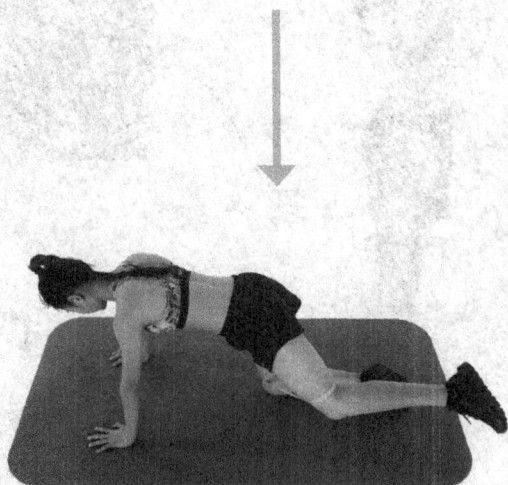

3
迷你带 – 四点支撑 – 髋关节三方向激活
每侧5次/组，2组，间歇30秒
第88页

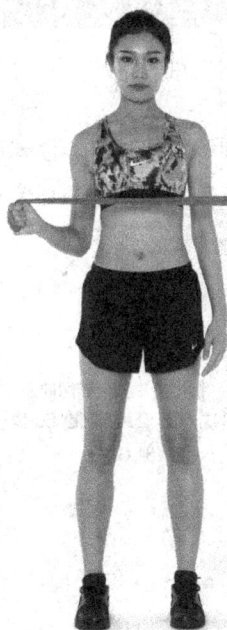

5 站姿 – 单侧肩关节外旋
每侧 8 次 / 组，2 组，无间歇
第 32 页

6 迷你带 – 站姿 – 肩关节三方向激活
每侧 5 次 / 组，2 组，间歇 30 秒
第 40 页

7 站姿 – 风车练习
每侧 10 次 / 组，2 组，无间歇
第 80 页

8 双腿 – 反向平板
60 秒 / 组，2 组，间歇 45 秒
第 86 页

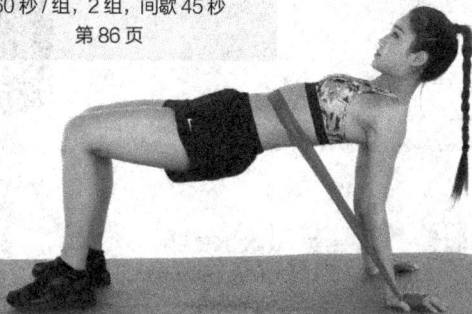

关于弹力带

训练方案

训练动作

2.4 手臂强化训练方案

　　针对身体主要部位进行专门的强化训练，有助于打磨弹力带训练动作技术、体会发力感觉、提高身体薄弱肌群的力量，并实现快速局部塑形的目标。该系列训练计划适合初级训练者，也可以作为中、高级训练者的补充训练计划。

1 训练椅 - 双侧臂屈伸
8次/组，2组，间歇60秒
第76页

2 站姿 - 双臂弯举
12次/组，3组，间歇60秒
第70页

3 站姿 - 双臂过顶臂屈伸
12次/组，3组，间歇60秒
第67页

4 坐姿－单侧屈腕练习
每侧 15 次 / 组，2 组，间歇 30 秒
第 75 页

5 坐姿－单侧伸腕练习
每侧 15 次 / 组，2 组，间歇 30 秒
第 74 页

6 站姿－双臂反向弯举
15 次 / 组，2 组，间歇 60 秒
第 71 页

7 俯身－双侧臂屈伸
15 次 / 组，2 组，间歇 60 秒
第 68 页

8 站姿－前臂旋前
每侧 15 次 / 组，2 组，间歇 30 秒
第 73 页

2.5 肩背强化训练方案

1 站姿 - 反向飞鸟
12 次 / 组，2 组，间歇 45 秒
第 60 页

2 站姿 - 双臂肩上推举
10 次 / 组，3 组，间歇 60 秒
第 29 页

3 站姿 - 双臂前平举
10 次 / 组，2 组，间歇 60 秒
第 26 页

4 半跪姿 - 挺身
每侧 15 次 / 组，2 组，间歇 30 秒
第 90 页

5 跪姿 - 斜角下拉
10 次 / 组，3 组，间歇 30 秒
第 62 页

6 坐姿 - 直腿后拉
12 次 / 组，2 组，间歇 45 秒
第 63 页

7 站姿 - 弓步 - 水平外展
每侧 12 次 / 组，2 组，间歇 45 秒
第 28 页

8 站姿 - 双臂高位后拉
10 次 / 组，2 组，间歇 45 秒
第 56 页

2.6 胸部强化训练方案

关于弹力带

训练方案

训练动作

1 站姿 - 爆发力前推
8次/组, 2组, 间歇60秒
第122页

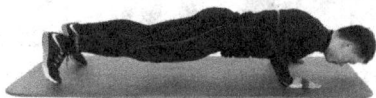

2 俯卧撑
12次/组, 3组, 间歇60秒
第54页

4 哑铃 - 仰卧 - 双臂胸前推
10次/组, 2组, 间歇60秒
第53页

3 瑞士球 - 仰卧 - 飞鸟
15次/组, 2组, 间歇45秒
第52页

5 站姿 - 双臂胸前斜上推
8次/组, 2组, 间歇30秒
第48页

6 弓步 - 斜下推
每侧8次/组, 2组, 间歇30秒
第49页

7 站姿 - 肩关节单臂水平内收
每侧15次/组, 2组, 间歇30秒
第46页

2.7 臀腿强化训练方案

1 阻力跳箱
10 次 / 组，2 组，间歇 60 秒
第 121 页

2 阻力 – 动态分腿蹲
每侧 8 次 / 组，2 组，间歇 30 秒
第 96 页

3 站姿 – 双腿硬拉
12 次 / 组，3 组，间歇 60 秒
第 100 页

5 爆发力上台阶
每侧 6 次 / 组，2 组，间歇 60 秒
第 119 页

4 深蹲
12 次 / 组，3 组，间歇 60 秒
第 91 页

8 站姿 – 双脚提踵
10 次 / 组，2 组，间歇 60 秒
第 106 页

7 站姿 – 单侧髋外展
每侧 15 次 / 组，2 组，间歇 30 秒
第 104 页

6 站姿 – 单侧髋内收
每侧 15 次 / 组，2 组，间歇 30 秒
第 103 页

9 坐姿 – 单侧踝背屈
每侧 10 次 / 组，2 组，无间歇
第 108 页

2.8 腰腹强化训练方案

1 侧桥
每侧 60 秒 / 组，1 组，无间歇
第 83 页

2 站姿 - 躯干旋转
每侧 12 次 / 组，2 组，间歇 30 秒
第 81 页

4 半跪姿 - 挺身
每侧 15 次 / 组，2 组，间歇 30 秒
第 90 页

3 仰卧 - 卷腹
15 次 / 组，2 组，间歇 30 秒
第 89 页

6 旋转上提
每侧 10 次 / 组，2 组，间歇 30 秒
第 77 页

5 旋转下砍
每侧 10 次 / 组，2 组，间歇 30 秒
第 78 页

7 单腿 - 反向平板
每侧 45 秒 / 组，2 组，间歇 45 秒
第 86 页

关于弹力带

训练方案

训练动作

2.9 激活热身训练方案

在竞技体育和大众健身领域，为防止运动损伤，需要在高强度训练前唤醒和激活肌肉中的本体感受器，加强身体关节的位置感觉，协调肌肉用力程度。热身可以使身体温度升高，降低肌肉的黏滞性，增加肌肉弹性和延展性，从整体上提升运动表现。

2
迷你带 – 半蹲 – 侧向走
每侧 10 米 / 组，1 组，无间歇
第 98 页

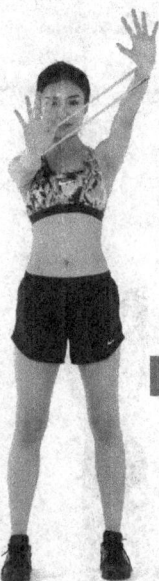

1
迷你带 – 半蹲 – 直线走
10 米 / 组，1 组，无间歇
第 99 页

3
迷你带 – 站姿 – 肩关节三方向激活
每侧 5 次 / 组，2 组，间歇 30 秒
第 40 页

4
侧桥
每侧 60 秒 / 组，1 组，无间歇
第 83 页

5 仰卧 – 双腿臀桥
10次/组，1组，无间歇
第 82 页

6 站姿 –Y 字激活
10次/组，1组，无间歇
第 37 页

7 站姿 –T 字激活
10次/组，1组，无间歇
第 38 页

8 站姿 –W 字激活
10次/组，1组，无间歇
第 39 页

关于弹力带

训练方案

训练动作

2.10 稳定性提升训练方案

　　运动表现提升是一个循序渐进的过程，而其中最基础的是稳定性训练，如果身体稳定性下降，就会导致肌肉收缩效率降低。通过增强肩带、脊柱、骨盆的稳定性，可以有效提高力的传递效率，消除代偿动作，避免关节劳损，提高运动表现。

1
迷你带 - 登山练习
8次/组，2组，间歇30秒
第87页

2 瑞士球 - 俯卧 - 肩关节过顶前屈
12次/组，2组，间歇45秒
第43页

4 迷你带 - 四点支撑 - 髋关节三方向激活
每侧8次/组，2组，间歇30秒
第88页

3 站姿 - 侧方阻力平衡
每侧30秒/组，2组，无间歇
第85页

5 半蹲位 - 单腿静力
每侧 30 秒 / 组，2 组，无间歇
第 93 页

6 站姿 - 单臂稳定上提 - 外固定
每侧 15 次 / 组，2 组，无间歇
第 41 页

7 站姿 - 单臂稳定下砍 - 外固定
每侧 15 次 / 组，2 组，无间歇
第 42 页

8 站姿 - 肩胛骨运动
12 次 / 组，2 组，间歇 30 秒
第 35 页

关于弹力带

训练方案

训练动作

2.11 全身运动训练方案

人是一个有机的整体，从功能解剖学上讲，人体各部位肌肉都通过筋膜组织相互连接，某一区域肌肉收缩产生的能量会通过肌筋膜网状结构传递到另一个区域，这就是身体的动力链及能量传递过程。通常情况下，训练者往往只追求不同肌肉的做功能力，却忽视了这种力的传递。而进行多关节、多平面的全身复合训练能够有效锻炼上下肢的衔接能力，提高核心向四肢传递能量的能力，使运动变得更整体，最大效率地发展身体素质。

2 深蹲跳
8次/组，2组，间歇60秒
第118页

1 跳跃踢臀
8次/组，2组，间歇60秒
第120页

3 深蹲后拉
12次/组，3组，间歇60秒
第115页

5 旋转下砍
每侧8次/组，2组，间歇30秒
第78页

4 弯举－分腿蹲
每侧10次/组，2组，间歇45秒
第94页

6 旋转上提
每侧8次/组，2组，间歇30秒
第77页

7 深蹲前推
10次/组，3组，间歇60秒
第116页

第 3 章

训练动作

- 肩部训练动作
- 手臂训练动作
- 臀部与下肢训练动作
- 胸部与背部训练动作
- 核心与腰腹训练动作
- 全身及爆发力训练动作

站姿 - 双臂前平举

动作步骤

01 身体直立，双脚前后分开，前脚踩住弹力带中间，双手分别紧握弹力带两端，掌心朝下。

02 双臂伸展并向前抬起至与地面呈45度角，保持弹力带有一定张力。

03 保持双臂伸直并继续向上抬起呈前平举姿势，将弹力带两端提升至与肩部平齐的位置。恢复至起始姿势，重复进行规定的次数。

扫一扫，视频同步学

单侧动作变式

01

02

03

双臂同时向前平举

目标肌群 三角肌前束、中束。

指导要点 保持核心收紧和身体稳定，不要耸肩。

站姿 - 双臂侧平举

扫一扫，视频同步学

动作步骤

01 身体直立，双脚前后分开，前脚踩住弹力带中间，双手分别紧握弹力带两端。

02 双臂伸展并向侧面抬起至与地面呈45度角，掌心朝下，保持弹力带有一定张力。

03 保持双臂伸直并继续向上抬起呈侧平举姿势，将弹力带两端提升至与肩部平齐的位置。恢复至起始姿势，重复进行规定的次数。

单侧动作变式

01
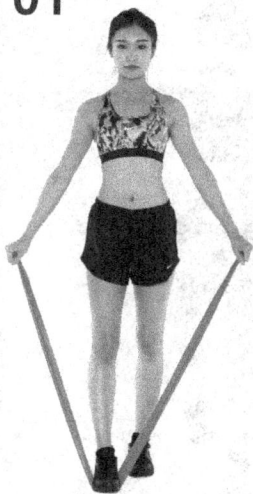

02

03

双臂同时向两侧平举

目标肌群 三角肌中束。

指导要点 保持核心收紧和身体稳定，不要耸肩。

27

站姿 – 弓步 – 水平外展

01 躯干向前倾斜，身体略微下蹲且单腿向前跨步，使双腿分开呈弓步姿势，前脚踩住弹力带中间，双臂向下伸展，双手分别紧握弹力带两端，保持弹力带有一定张力。

02～03 保持身体姿势不变，双臂向侧面抬起呈侧平举姿势，将弹力带两端提升至与肩部平齐的位置。恢复至起始姿势，重复进行规定的次数。另一侧腿向前跨步时也是同样的动作要求。

扫一扫，视频同步学

01

02

03

目标肌群 三角肌中束。

指导要点 重心放置在前脚上，不要耸肩。

站姿 – 双臂肩上推举 ▬

动作步骤 ▸

01 身体直立，双脚分开，与肩同宽，并踩住弹力带中间，双手分别紧握弹力带两端，掌心相对，双臂向上弯曲至肩部，保持弹力带有一定张力。

02 ～ 03 保持身体姿势不变，向上拉伸弹力带至手臂完全伸直。恢复至起始姿势，重复进行规定的次数。

交替动作变式 ▸

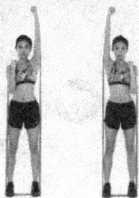

关于弹力带

训练方案

训练动作

01

02

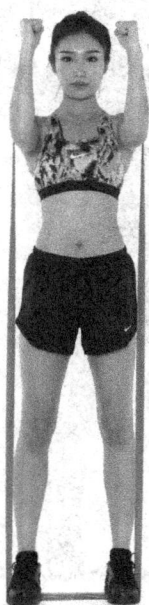

03

双臂同时向上推举 ▲

目标肌群 ▸ 三角肌前束、斜方肌上束。

指导要点 ▸ 保持核心收紧和身体稳定。

站姿 – 双臂推举

动作步骤

01 身体直立，双脚分开，与肩同宽，并踩住弹力带中间，双手分别紧握弹力带两端，掌心朝前，双臂向上弯曲，保持弹力带有一定张力。

02 ～ 03 保持身体姿势不变，双臂向上拉伸弹力带至手臂完全伸直。恢复至起始姿势，重复进行规定的次数。

01

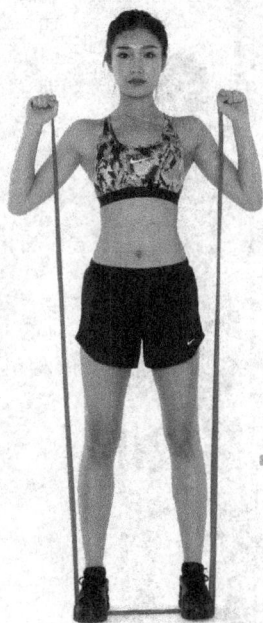

02

03

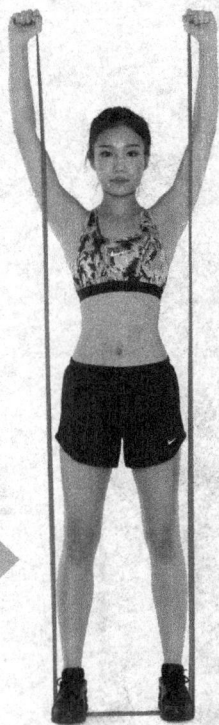

双臂上推举过头顶

目标肌群 三角肌中束、斜方肌上束。

指导要点 保持核心收紧和身体稳定。

站姿 – 单侧肩关节内旋

动作步骤

01 身体直立，双脚分开，与肩同宽，一侧手臂向外弯曲，肘关节呈90度角并紧握弹力带一端，弹力带另一端固定在体侧等高的其他物体上，另一侧手臂自然下垂，保持弹力带有一定张力。

02~03 保持身体姿势不变，前臂向内旋转，将弹力带一端拉伸至对侧腰部，保持肘关节位置不动。恢复至起始姿势，重复进行规定的次数。另一侧手臂拉伸时也是同样的动作要求。

关 于 弹 力 带

训 练 方 案

训 练 动 作

01

02

03

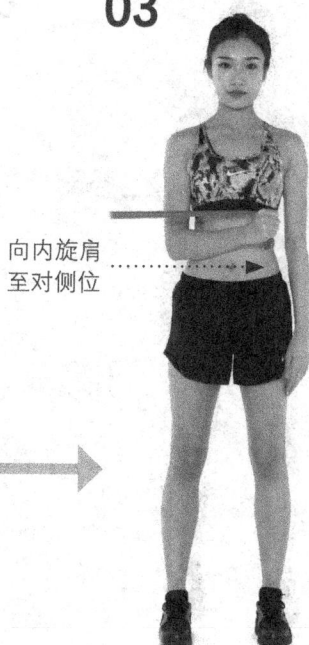

向内旋肩
至对侧位 ┈┈┈➤

目标肌群 肩袖肌群（主要是肩胛下肌）。

指导要点 保持核心收紧和身体稳定，上臂贴近身体。

站姿－单侧肩关节外旋

动作步骤

01 身体直立，双脚分开，与肩同宽，一侧手臂向内弯曲，肘关节呈90度角并紧握弹力带一端，弹力带另一端固定在体侧等高的其他物体上，另一侧手臂自然下垂，保持弹力带有一定张力。

02～03 保持身体姿势不变，前臂向外旋转，将弹力带一端拉伸至体侧，保持肘关节位置不动。恢复至起始姿势，重复进行规定的次数。另一侧手臂拉伸时也是同样的动作要求。

双侧动作变式

01

02

03
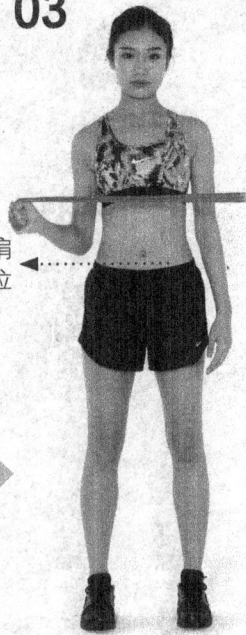

向外旋肩
至对侧位

目标肌群 肩袖肌群（主要是冈下肌）。

指导要点 保持核心收紧和身体稳定，上臂贴近身体。

站姿－单臂水平外旋

动作步骤

01 身体直立，双脚分开，与肩同宽，一侧手臂侧平举后前臂向内弯曲至肘关节呈90度角并紧握弹力带一端，弹力带另一端固定在面前等高的其他物体上，另一侧手臂自然下垂，保持弹力带有一定张力。

02～03 保持身体姿势不变，前臂向后旋转至与地面垂直，将弹力带一端拉伸至与头顶平齐的位置，保持肘关节位置不动。恢复至起始姿势，重复进行规定的次数。另一侧手臂拉伸时也是同样的动作要求。

双侧动作变式

关于弹力带

训练方案

训练动作

01

02

03

肩关节外旋

目标肌群 肩袖肌群、三角肌后束。

指导要点 保持核心收紧和身体稳定。

站姿 - 单臂水平内旋

01 身体直立，双脚分开，与肩同宽，一侧手臂侧平举，前臂向上弯曲至肘关节呈90度角并紧握弹力带一端，弹力带另一端固定在身后等高的其他物体上，另一侧手臂自然下垂，保持弹力带有一定张力。

02~03 保持身体姿势不变，前臂向前旋转至与地面平行，将弹力带一端拉伸至与肩部平齐的位置，保持肘关节位置不动。恢复至起始姿势，重复进行规定的次数。另一侧手臂拉伸时也是同样的动作要求。

扫一扫，视频同步学

01

02

03

肩关节内旋

目标肌群 肩袖肌群、胸大肌。

指导要点 保持核心收紧和身体稳定。

站姿 - 肩胛骨运动

动作步骤

01 身体直立，双脚分开，与肩同宽，双臂向上弯曲，双手分别紧握弹力带两端，使弹力带从身体背部的肩胛骨处绕过，保持弹力带有一定张力。

02 保持身体姿势不变，肩胛骨进行前伸与后缩运动。恢复至起始姿势，重复进行规定的次数。

扫一扫，视频同步学

01

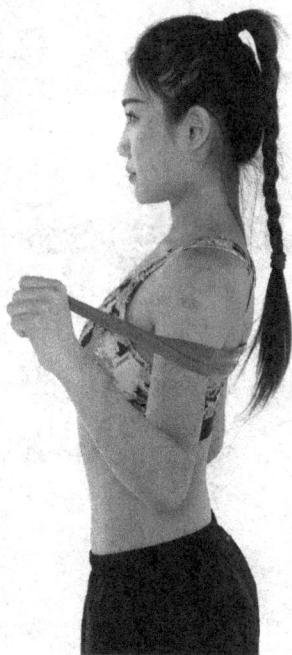

02

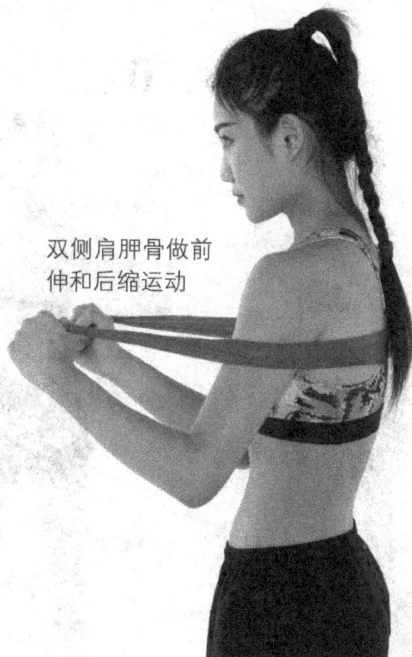

双侧肩胛骨做前伸和后缩运动

目标肌群 前锯肌。

指导要点 保持核心收紧和身体稳定。

站姿 – 双臂高拉

扫一扫，视频同步学

动作步骤

01 身体直立，双脚分开，与肩同宽，并踩住弹力带中间，双手分别紧握弹力带两端，双臂自然下垂，保持弹力带有一定张力。

02~03 保持身体姿势不变，双臂向上拉伸弹力带至肘关节弯曲到最大限度且前臂和上臂均与地面平行。恢复至起始姿势，重复进行规定的次数。另一侧手臂拉伸时也是同样的动作要求。

单侧动作变式

01

02

03

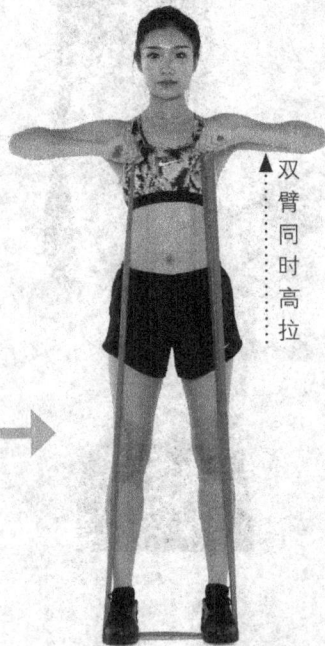

双臂同时高拉

目标肌群 斜方肌、三角肌。

指导要点 保持核心收紧和身体稳定。不要耸肩。

站姿 –Y 字激活

扫一扫，视频同步学

01 身体直立，双脚分开，与肩同宽，双手分别紧握弹力带两端，双臂向前伸展至与地面平行，保持弹力带有一定张力。

02 保持身体姿势不变，双臂向后侧斜上方拉伸弹力带，使手臂与身体呈Y字形，保持弹力带始终与地面平行。恢复至起始姿势，重复进行规定的次数。

关于弹力带

训练方案

训练动作

01

02

双臂同时向斜上方拉弹力带与身体呈 Y 字形

目标肌群 肩袖肌群。

指导要点 保持核心收紧和身体稳定。

站姿 –T 字激活

动作步骤

01 身体直立，双脚分开，与肩同宽，双手分别紧握弹力带两端，双臂向前伸展至与地面平行，保持弹力带有一定张力。

02 保持身体姿势不变，双臂向体侧拉伸弹力带，使手臂与身体呈T字形，保持弹力带始终与地面平行。恢复至起始姿势，重复进行规定的次数。

01

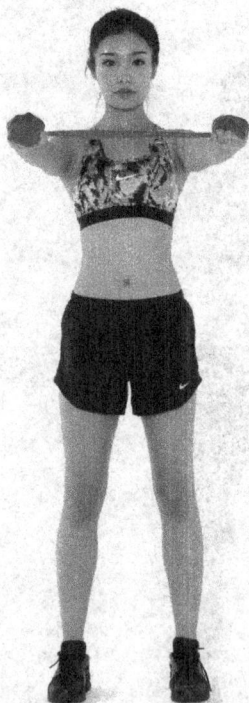

02

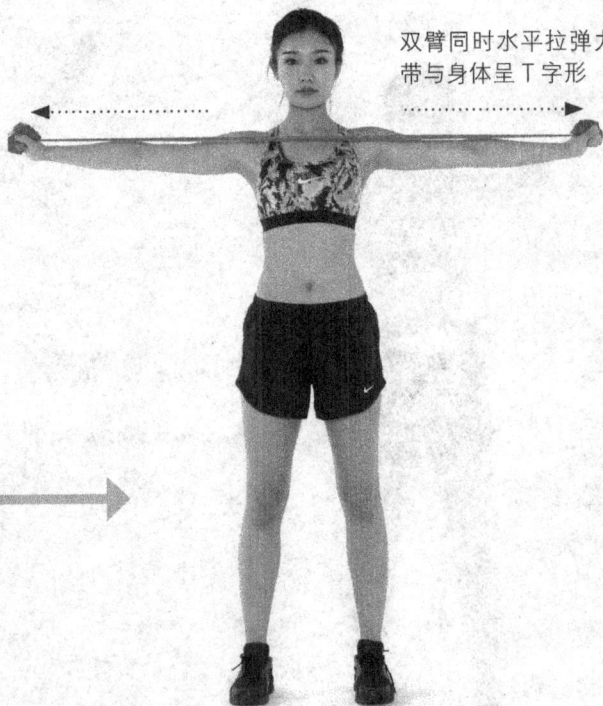

双臂同时水平拉弹力带与身体呈T字形

目标肌群 肩袖肌群。

指导要点 保持核心收紧和身体稳定。

站姿 –W 字激活

01 身体直立，双脚分开，与肩同宽，双手分别紧握弹力带两端，双臂向前伸展至与地面平行，保持弹力带有一定张力。

02 保持身体姿势不变，双臂向下弯曲并向体侧拉伸弹力带，使手臂与身体呈W字形，保持弹力带始终与地面平行。恢复至起始姿势，重复进行规定的次数。

扫一扫，视频同步学

关于弹力带

训练方案

训练动作

01

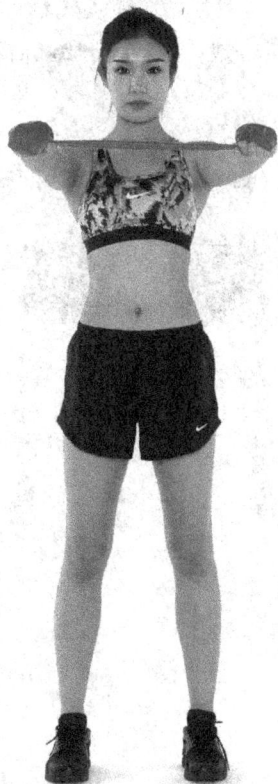

02

双臂同时向两侧拉弹力带

与身体呈 W 字形

目标肌群 肩袖肌群。

指导要点 保持核心收紧和身体稳定。

39

迷你带－站姿－肩关节三方向激活

扫一扫，视频同步学

动作步骤

01 身体直立，双脚分开，与肩同宽，双臂前平举，掌心朝前，将环状迷你弹力带绕过双手腕关节，保持弹力带有一定张力。

02~06 一侧手臂保持不动，另一侧手臂分别向斜上方、侧面、斜下方拉伸弹力带。恢复至起始姿势，重复进行规定的次数。换对侧手臂完成上述动作。

跪姿动作变式

01 **02** 向斜上方抗阻移动

03 **04** 向侧面抗阻移动

05 **06** 向斜下方抗阻移动

目标肌群 肩袖肌群。

指导要点 保持核心收紧和身体稳定。手臂保持伸展。

站姿 - 单臂稳定上提 - 外固定

扫一扫，视频同步学

01 身体直立，双脚分开，与肩同宽，一侧手臂向内向下弯曲至手部到达对侧髋关节位置，单手紧握弹力带一端，弹力带另一端固定在对侧下方的其他物体上，另一侧手臂自然下垂，保持弹力带有一定张力。

02～03 保持身体姿势不变，手臂向侧面斜上方45度拉伸弹力带至手臂完全伸展。恢复至起始姿势，重复进行规定的次数。另一侧手臂拉伸时也是同样的动作要求。

关于弹力带

训练方案

训练动作

01

02

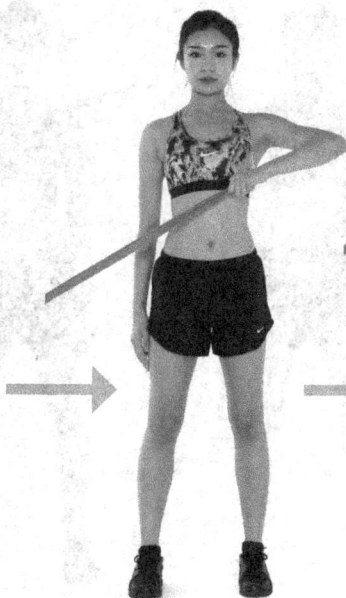

03

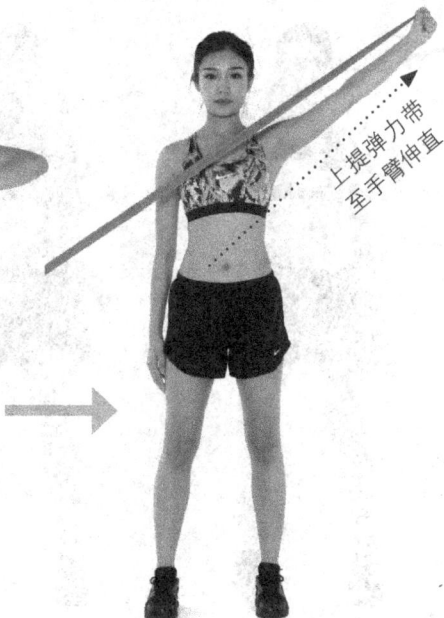

上提弹力带至手臂伸直

目标肌群 肩袖肌群。

指导要点 保持核心收紧，身体稳定，躯干不要旋转。

站姿 – 单臂稳定下砍 – 外固定

动作步骤

01 身体直立，双脚分开，与肩同宽，一侧手臂向内向上弯曲至手部到达对侧与头部齐平的位置，单手紧握弹力带一端，弹力带另一端固定在对侧上方的其他物体上，另一侧手臂自然下垂，保持弹力带有一定张力。

02 ~ 03 保持身体姿势不变，手臂向侧面斜下方45度拉伸弹力带至手臂完全伸展。恢复至起始姿势，重复进行规定的次数。另一侧手臂拉伸时也是同样的动作要求。

01

02

03

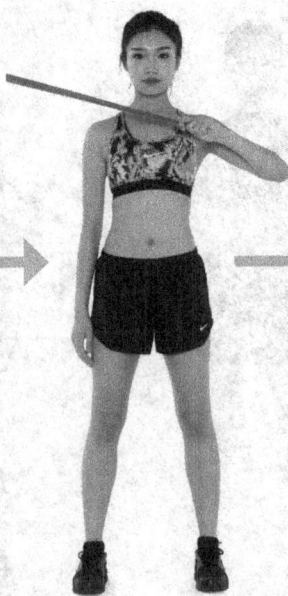

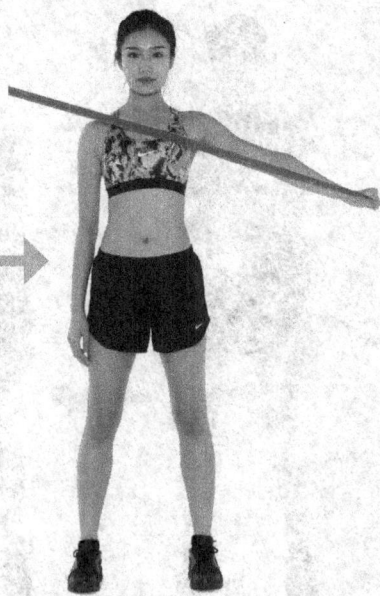

目标肌群 肩袖肌群。

指导要点 保持核心收紧，身体稳定，躯干不要旋转。

瑞士球 – 俯卧 – 肩关节过顶前屈

01 上身俯卧于瑞士球上，双腿并拢呈跪姿，膝关节撑地，双臂向前下方伸展，双手分别紧握弹力带两端，弹力带的中间固定于瑞士球下方，保持弹力带有一定张力。

02 保持双臂伸展，向上拉伸弹力带至手臂与躯干呈一条直线，使弹力带两端位于超过头顶的位置。恢复至起始姿势，重复进行规定的次数。

扫一扫，视频同步学

关于弹力带

训练方案

训练动作

01

02

过顶前屈

目标肌群 三角肌。

指导要点 保持核心收紧和身体稳定。

站姿 - 飞鸟

动作步骤

01 身体直立,双脚分开,与肩同宽,双臂侧平举,掌心朝前,双手分别紧握弹力带两端,使弹力带从身体背部绕过,保持弹力带有一定张力。

02~03 保持双臂伸直,向内拉伸弹力带至手臂呈前平举姿势,掌心朝内,保持手臂和弹力带始终与地面平行。恢复至起始姿势,重复进行规定的次数。

扫一扫,视频同步学

01

02

03

目标肌群 胸大肌、三角肌前束。

指导要点 保持核心收紧和身体稳定。

站姿 - 斜飞鸟 ▬

01 身体直立，双脚分开，与肩同宽，双臂侧平举，掌心朝前，双手分别紧握弹力带两端，使弹力带从身体背部绕过，保持弹力带有一定张力。

02~03 保持双臂伸直，向内向上拉伸弹力带至手臂与地面呈45度角，使弹力带两端位于胸前超过头顶的位置。恢复至起始姿势，重复进行规定的次数。

扫一扫，视频同步学

关于弹力带

训练方案

训练动作

01

02

03

目标肌群 胸大肌、三角肌前束。

指导要点 保持核心收紧和身体稳定。

站姿 – 肩关节单臂水平内收

01 身体直立，双脚分开，与肩同宽，一侧手臂侧平举，掌心朝前，紧握弹力带一端，弹力带另一端固定在体侧等高的其他物体上，另一侧手臂自然下垂，保持弹力带有一定张力。

02~03 保持身体姿势不变，手臂内收呈前平举姿势，保持手臂和弹力带始终与地面平行。恢复至起始姿势，重复进行规定的次数。另一侧手臂拉伸时也是同样的动作要求。

扫一扫，视频同步学

01

02

03

目标肌群 胸大肌。

指导要点 保持核心收紧和身体稳定。

站姿 - 双臂胸前水平推 ▬

动作步骤

01 身体直立，双脚分开，与肩同宽，前臂向上弯曲，双手置于胸前并分别紧握弹力带两端，使弹力带从身体背部绕过，保持弹力带有一定张力。

02～03 保持身体姿势不变，双臂向前拉伸弹力带至手臂与地面平行。恢复至起始姿势，重复进行规定的次数。

交替动作变式 ▶

关于弹力带

01

02

03

← 双臂水平向前推举 ·············

训练方案

训练动作

目标肌群 ▶ 胸大肌、三角肌前束。

指导要点 ▶ 保持核心收紧和身体稳定。

站姿 – 双臂胸前斜上推

扫一扫，视频同步学

动作步骤

01 身体直立，双脚分开，与肩同宽，前臂向上弯曲，双手置于胸前并分别紧握弹力带两端，使弹力带从身体背部绕过，保持弹力带有一定张力。

02~03 保持身体姿势不变，双臂向前上方拉伸弹力带至手臂完全伸直，使弹力带两端位于与头顶平齐的位置。恢复至起始姿势，重复进行规定的次数。

交替动作变式

01

02

03

双臂同时向斜上方推出

目标肌群 胸大肌、三角肌前束。

指导要点 保持核心收紧和身体稳定。

弓步 – 斜下推 ▃

动作步骤 ▶

01 上身直立，双腿分开呈弓步姿势，一侧手臂向内弯曲，使手位于对侧肩部，另一侧手臂向上弯曲至肘部呈90度角，双手分别紧握弹力带两端，保持弹力带有一定张力。

02 保持身体姿势不变，手部在前的一侧手臂向前下方拉伸弹力带至手臂完全伸直。恢复至起始姿势，重复进行规定的次数。另一侧手臂拉伸时也是同样的动作要求。

扫一扫，视频同步学

01

02

右手向斜下方推出

目标肌群 ▶ 胸大肌、三角肌前束、肱三头肌。

指导要点 ▶ 重心放置在前脚上。

瑞士球 - 坐姿 - 双臂胸前推

动作步骤

01 身体坐于瑞士球上，上身直立，双腿弯曲至膝关节接近90度角，双脚撑地，前臂向上弯曲，双手置于胸前并分别紧握弹力带两端，使弹力带从身体背部绕过，保持弹力带有一定张力。

02~03 保持身体姿势不变，双臂向前拉伸弹力带至手臂与地面平行。恢复至起始姿势，重复进行规定的次数。

交替动作变式

01

02

03

目标肌群 胸大肌、三角肌前束。

指导要点 保持核心收紧和身体稳定。

瑞士球 - 仰卧 - 双臂胸前推

扫一扫，视频同步学

动作步骤

01 身体仰卧于瑞士球上，双腿弯曲至膝关节接近90度角，双脚撑地，前臂向上弯曲，双手置于胸前并分别紧握弹力带两端，使弹力带从身体背部绕过，保持弹力带有一定张力。

02 保持身体姿势不变，双臂向上拉伸弹力带至手臂与地面垂直。恢复至起始姿势，重复进行规定的次数。

交替动作变式

关于弹力带

训练方案

训练动作

01

02

目标肌群 胸大肌、三角肌前束、核心肌群。

指导要点 保持核心收紧和身体稳定。

瑞士球 - 仰卧 - 飞鸟

扫一扫，视频同步学

动作步骤

01 身体仰卧于瑞士球上，双腿弯曲至膝关节接近90度角，双脚撑地，双臂侧平举，掌心朝上，双手分别紧握弹力带两端，使弹力带从身体背部绕过，保持弹力带有一定张力。

02~03 保持双臂伸直，向内拉伸弹力带至手臂与地面垂直。恢复至起始姿势，重复进行规定的次数。

目标肌群 胸大肌、三角肌前束。

指导要点 保持核心收紧和身体稳定。

哑铃 - 仰卧 - 双臂胸前推

动作步骤

01 身体仰卧于垫上，双腿弯曲至膝关节接近90度角，双脚撑地，前臂向上弯曲，双手置于胸前，分别紧握一只固定住弹力带一端的哑铃，使弹力带从身体背部绕过，保持弹力带有一定张力。

02 保持身体姿势不变，双臂向上拉伸弹力带至手臂与地面垂直。恢复至起始姿势，重复进行规定的次数。

扫一扫，视频同步学

关于弹力带

训练方案

训练动作

01

02

双臂向上推举

目标肌群 胸大肌、三角肌前束。

指导要点 保持核心收紧和身体稳定。

俯卧撑

扫一扫，视频同步学

动作步骤

01 身体俯卧于垫上，双手分别紧握弹力带两端，使弹力带从背部绕过，双臂向下伸展撑地，双腿伸直，脚尖撑地，保持平板姿势，保持弹力带有一定张力。

02 保持身体姿势不变，双臂弯曲使身体向下做俯卧撑动作。恢复至起始姿势，重复进行规定的次数。

01

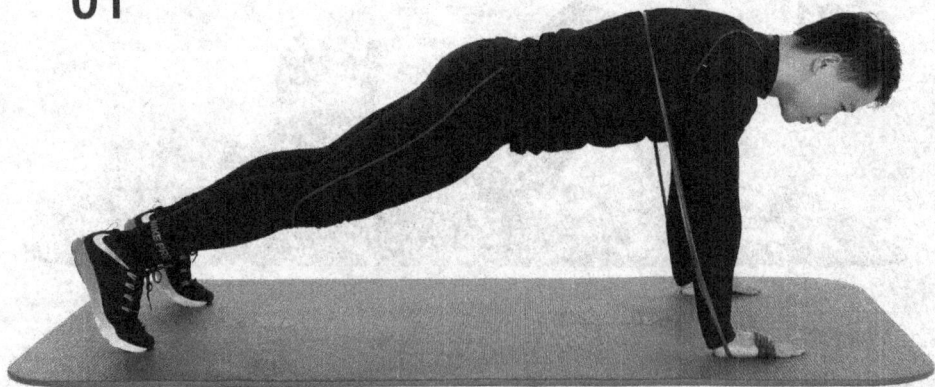

02

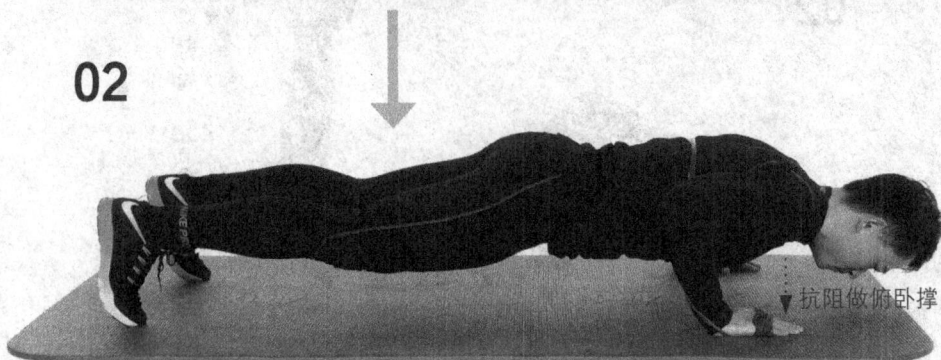

抗阻做俯卧撑

目标肌群 胸大肌、核心肌群。

指导要点 保持身体呈一条直线。

跪姿 - 俯卧撑

动作步骤

01 身体俯卧于垫上，双手分别紧握弹力带两端，使弹力带从背部绕过，双臂向下伸展撑地，双腿向上弯曲至膝关节呈90度角，小腿交叠，膝关节撑地，保持弹力带有一定张力。

02 保持身体姿势不变，双臂弯曲使身体向下做俯卧撑动作。恢复至起始姿势，重复进行规定的次数。

扫一扫，视频同步学

01

02

抗阻做膝支撑俯卧撑

目标肌群 胸大肌、核心肌群。

指导要点 保持躯干和大腿尽量呈一条直线。

站姿 – 双臂高位后拉 ▬

扫一扫，视频同步学

动作步骤 ▶

01 身体直立，双脚分开，与肩同宽，双臂前平举，双手分别紧握弹力带两端，弹力带中间固定在面前等高的其他物体上，保持弹力带有一定张力。

02~03 保持身体姿势不变，双臂向后拉伸弹力带至双手到达颈部两侧的位置，掌心朝前。恢复至起始姿势，重复进行规定的次数。

01

02

03

双臂同时后拉

目标肌群 ▶ 菱形肌、斜方肌、背阔肌。

指导要点 ▶ 保持肩胛骨稳定，不要耸肩。

站姿 – 双臂水平后拉

01 身体直立，双脚分开，与肩同宽，双臂向前下方伸展，双手分别紧握弹力带两端，弹力带中间固定在面前等高的其他物体上，保持弹力带有一定张力。

02 ~ 03 保持身体姿势不变，双臂向后拉伸弹力带至双手到达腰部两侧的位置。恢复至起始姿势，重复进行规定的次数。

扫一扫，视频同步学

关于弹力带

训练方案

训练动作

01

02

03

水平后拉至
腰部两侧

目标肌群 斜方肌、背阔肌。

指导要点 保持肩胛骨稳定。

单臂剪草机后拉

动作步骤

01 躯干向前倾斜，身体略微下蹲且单腿向前跨步，使双腿分开呈弓步姿势，前脚踩住弹力带中间，双臂向下伸展，双手分别紧握弹力带两端，保持弹力带有一定张力。

02 ~ 03 保持身体姿势不变，一侧手臂向后弯曲至肘关节呈90度角，将弹力带一端提升至腰部。恢复至起始姿势，重复进行规定的次数。另一侧手臂弯曲时也是同样的动作要求。

01

02

03

单臂后拉至肘关节呈90度角

目标肌群 菱形肌、斜方肌中束、背阔肌。

指导要点 重心放置在前脚上。

站姿 – 双臂下拉

扫一扫，视频同步学

动作步骤

01 身体直立，双脚分开，与肩同宽，双臂向斜上方伸展，双手分别紧握弹力带两端，保持弹力带有一定张力。

02～03 保持双臂伸直，向外向下拉伸弹力带至手臂与地面平行，弹力带位于脑后。恢复至起始姿势，重复进行规定的次数。

单侧动作变式

关于弹力带

训练方案

训练动作

01

03

双臂下拉至侧平举姿势

02

目标肌群 背阔肌、肩胛骨稳定肌群。

指导要点 保持核心收紧和身体稳定。

站姿 - 反向飞鸟

扫一扫，视频同步学

动作步骤

01 身体直立，双脚分开，与肩同宽，双臂向前伸展，双手分别紧握弹力带两端，保持弹力带有一定张力。

02~03 保持双臂伸直，向外拉伸弹力带至手臂呈侧平举姿势，保持手臂和弹力带始终与地面平行。恢复至起始姿势，重复进行规定的次数。

01

02

03

双臂水平向外打开

目标肌群 ▶ 菱形肌、斜方肌、三角肌后束。

指导要点 ▶ 保持核心收紧和身体稳定。

站姿 – 双侧耸肩 ▬

扫一扫，视频同步学

动作步骤

01 身体直立，双脚分开，与肩同宽，并踩住弹力带中间，双手分别紧握弹力带两端，双臂自然下垂，保持弹力带有一定张力。

02 保持身体姿势不变和双臂伸直，双肩向上耸立至最大限度。恢复至起始姿势，重复进行规定的次数。

关于弹力带

训练方案

训练动作

01

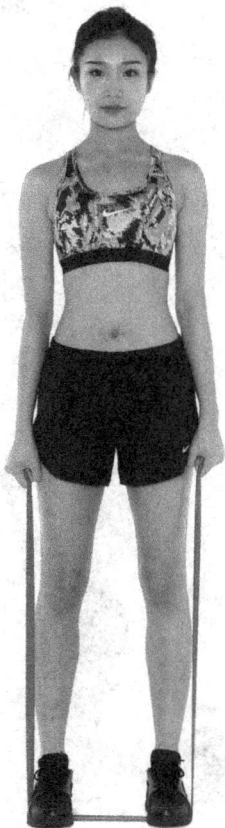

02

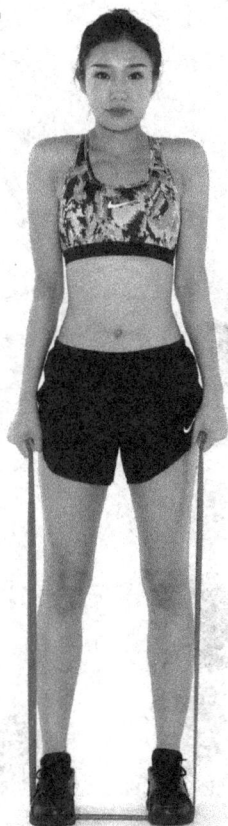

目标肌群 斜方肌。

指导要点 保持核心收紧和身体稳定。

跪姿 – 斜角下拉

扫一扫，视频同步学

动作步骤

01 身体跪于垫上，上身直立，双膝分开，与肩同宽，双臂向前上方伸展，双手分别紧握弹力带两端，弹力带中间固定在斜上方的其他物体上，保持弹力带有一定张力。

02~03 保持身体姿势不变，双臂弯曲向斜下方拉伸弹力带至双手到达腰部两侧的位置。恢复至起始姿势，重复进行规定的次数。

站姿动作变式

01

02

03

双臂同时下拉至腰部两侧

目标肌群 背阔肌。

指导要点 保持肩胛骨稳定。

坐姿 - 直腿后拉

动作步骤

01 身体坐于垫上，上身直立，双腿伸展，双臂向上弯曲至小臂与地面平行，双手分别紧握弹力带两端，使弹力带从双脚足底处绕过，保持弹力带有一定张力。

02 保持身体姿势不变，双臂向后拉伸弹力带至双手到达腰部两侧的位置。恢复至起始姿势，重复进行规定的次数。

扫一扫，视频同步学

关于弹力带

训练方案

训练动作

01

02

双臂同时水平
后拉至腰部两侧 ········►

目标肌群 斜方肌、背阔肌。

指导要点 保持核心收紧和身体稳定。

瑞士球 – 坐姿 – 双臂后拉

扫一扫，视频同步学

动作步骤

01 身体坐于瑞士球上，上身直立，双腿弯曲至膝关节接近90度角，双脚撑地，双臂前平举，掌心相对，双手分别紧握弹力带两端，弹力带中间固定在面前等高的其他物体上，保持弹力带有一定张力。

02~03 保持身体姿势不变，双臂向后拉伸弹力带至双手到达腰部两侧的位置。恢复至起始姿势，重复进行规定的次数。

01

02

03

双臂同时后拉至腰部两侧

目标肌群 斜方肌、背阔肌。

指导要点 保持核心收紧和身体稳定。

站姿 – 单侧臂屈伸 ▬

动作步骤

01 身体直立，双脚分开，与肩同宽，双手分别紧握弹力带两端，一侧手臂向上抬起并向内弯曲至手部到达对侧肩关节处，另一侧手臂向上弯曲至手部到达同侧胸前，保持弹力带有一定张力。

02~03 保持身体姿势不变，下侧手臂向下拉伸弹力带至手臂完全伸直。恢复至起始姿势，重复进行规定的次数。另一侧手臂拉伸时也是同样的动作要求。

扫一扫，视频同步学

01

02

03

右臂伸肘

目标肌群 肱三头肌。

指导要点 保持核心收紧和身体稳定。上臂尽量保持不动。

站姿 - 双臂水平臂屈伸 ▬

动作步骤 ▶

01 身体直立，双脚分开，与肩同宽，双手分别紧握弹力带两端，双臂向内弯曲至手部到达同侧肩部位置，保持弹力带有一定张力。

02~03 保持身体姿势不变，双臂向外拉伸弹力带至侧平举姿势，保持手臂和弹力带均与地面平行。恢复至起始姿势，重复进行规定的次数。

单侧动作变式 ▶

01

02

03

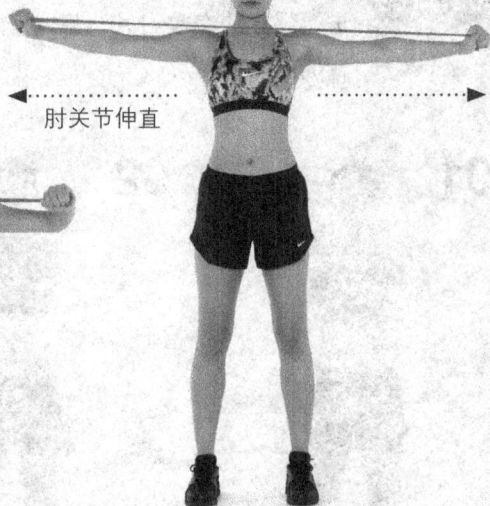

肘关节伸直

目标肌群 ▶ 肱三头肌。

指导要点 ▶ 保持核心收紧和身体稳定。

站姿 - 双臂过顶臂屈伸

扫一扫，视频同步学

动作步骤

01 身体直立，双脚分开，与肩同宽，一侧脚踩住弹力带一端，双臂向上抬起并向后弯曲，上臂贴近耳侧，双手从脑后紧握住弹力带另一端，保持弹力带有一定张力。

02~03 保持身体姿势不变，前臂向上拉伸弹力带至手臂完全伸直。恢复至起始姿势，重复进行规定的次数。

单侧动作变式

01

02

双臂向上伸展

03

双臂举过头顶，伸展至肘关节伸直

目标肌群 肱三头肌。

指导要点 保持核心收紧和身体稳定。

67

俯身 – 双侧臂屈伸 ▄

01 身体略微下蹲至大腿与地面呈45度角，双脚分开，与肩同宽，躯干向前倾斜至髋关节呈90度角，前臂向前弯曲，双手分别紧握弹力带两端，弹力带中间固定在面前等高的其他物体上，保持弹力带有一定张力。

02~03 保持身体姿势不变，前臂向后拉伸弹力带至双手到达髋关节两侧的位置。恢复至起始姿势，重复进行规定的次数。

扫一扫，视频同步学

01

02

03

双臂同时伸展至
肘关节伸直

目标肌群 肱三头肌。

指导要点 保持核心收紧，背部平直，身体稳定。上臂尽量保持不动。

分腿站姿 – 单侧臂屈伸

扫一扫，视频同步学

动作步骤

01 上身直立，身体略微下蹲且单腿向前跨步，使双腿分开呈弓步姿势，前脚踩住弹力带中间，双手分别紧握弹力带两端，一侧手扶住前侧腿膝盖，另一侧手臂向后弯曲至手部到达腰侧的位置，保持弹力带有一定张力。

02～03 保持身体姿势不变，后侧手臂向后拉伸弹力带至手臂完全伸直。恢复至起始姿势，重复进行规定的次数。另一侧手臂拉伸时也是同样的动作要求。

关于弹力带

训练方案

训练动作

01　　　　02　　　　03

肘部向外伸展

伸展至肘关节伸直

目标肌群 肱三头肌。

指导要点 重心放置在前脚上。上臂尽量保持不动。

站姿 – 双臂弯举

01 身体直立，双脚分开，与肩同宽，并踩住弹力带中间，双手分别紧握弹力带两端，掌心朝前，双臂自然下垂，保持弹力带有一定张力。

02~03 保持身体姿势不变，两侧前臂向上拉伸弹力带至肘关节弯曲到最大限度。恢复至起始姿势，重复进行规定的次数。

扫一扫，视频同步学

01

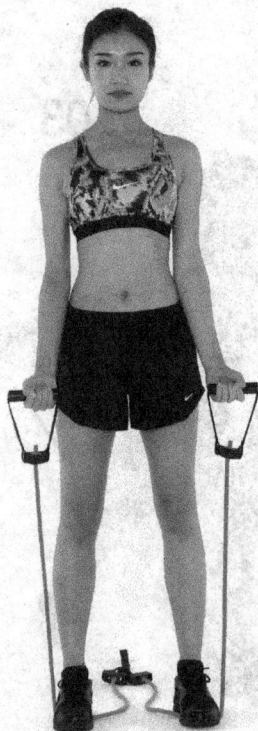

02

03

掌心向后

目标肌群 肱二头肌。

指导要点 保持核心收紧和身体稳定。上臂尽量保持不动。

站姿 – 双臂反向弯举

动作步骤

01 身体直立，双脚分开，与肩同宽，并踩住弹力带中间，双手分别紧握弹力带两端，掌心朝后，双臂自然下垂，保持弹力带有一定张力。

02～03 保持身体姿势不变，两侧前臂掌心朝前向上拉伸弹力带至肘关节弯曲到最大限度。恢复至起始姿势，重复进行规定的次数。

交替动作变式

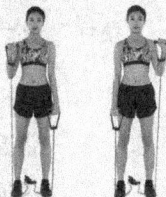

关于弹力带

训练方案

训练动作

01

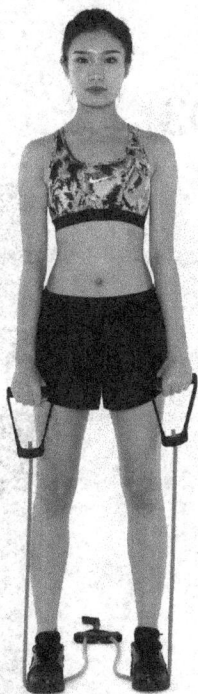

02

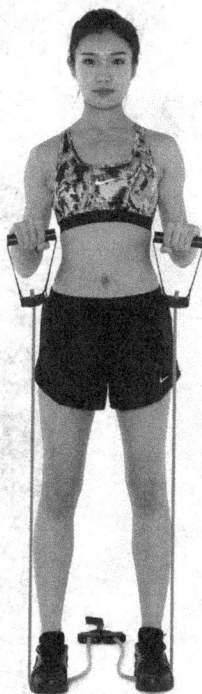

03

掌心向前

双臂向上弯举

目标肌群 肱二头肌、肱桡肌。

指导要点 保持核心收紧和身体稳定。上臂尽量保持不动。

站姿 - 单臂水平弯举

动作步骤

01 身体直立，双脚分开，与肩同宽，一侧手臂前平举，单手紧握弹力带一端，弹力带另一端固定在面前等高的其他物体上，另一侧手臂向内弯曲，手部扶住对侧手臂肘关节，保持弹力带有一定张力。

02~03 保持身体姿势不变，前臂向上弯曲拉伸弹力带至肘关节呈90度角，之后继续向内弯曲拉伸弹力带至肘关节弯曲到最大限度，保持肘关节位置始终不动。恢复至起始姿势，重复进行规定的次数。另一侧手臂拉伸时也是同样的动作要求。

扫一扫，视频同步学

01　**02**　**03**

目标肌群 ▶ 肱二头肌。

指导要点 ▶ 保持核心收紧和身体稳定。上臂尽量保持不动。

站姿 - 前臂旋前 ___

扫一扫，视频同步学

动作步骤

01 身体直立，双脚分开，与肩同宽，并踩住弹力带一端，一侧手臂前平举，单手紧握弹力带另一端，掌心朝上，另一侧手臂自然下垂，保持弹力带有一定张力。

02~03 保持身体姿势不变和手臂伸直，前臂向内旋转至掌心朝下。恢复至起始姿势，重复进行规定的次数。另一侧手紧握弹力带时也是同样的动作要求。

关于弹力带

训练方案

训练动作

01 02 03

前臂内旋

目标肌群 旋前圆肌、旋前方肌。

指导要点 保持核心收紧和身体稳定。

坐姿 – 单侧伸腕练习

扫一扫，视频同步学

动作步骤

01 身体坐于训练椅上，双腿弯曲至膝关节呈90度角，双脚撑地，躯干向前倾斜，一侧脚踩住弹力带一端，同侧肘关节支撑于膝关节之上，前臂平行于地面，单手紧握弹力带另一端，掌心朝下，另一侧手扶住同侧膝关节，保持弹力带有一定张力。

02 保持身体姿势不变，腕关节向上弯曲至最大限度，掌心朝前。恢复至起始姿势，重复进行规定的次数。另一侧手紧握弹力带时也是同样的动作要求。

01

02

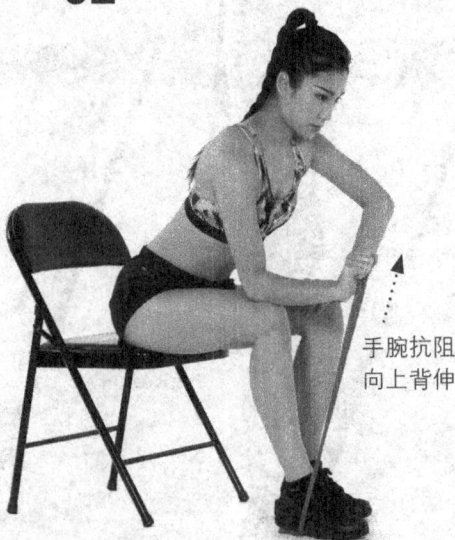

手腕抗阻
向上背伸

目标肌群 ▷ 伸腕肌群。

指导要点 ▷ 手臂尽量保持不动。

坐姿 – 单侧屈腕练习

动作步骤

扫一扫，视频同步学

01 身体坐于训练椅上，双腿弯曲至膝关节呈90度角，双脚撑地，躯干向前倾斜，一侧脚踩住弹力带一端，同侧肘关节支撑于膝关节之上，前臂平行于地面，单手紧握弹力带另一端，掌心朝上，另一侧手扶住同侧膝关节，保持弹力带有一定张力。

02 保持身体姿势不变，腕关节向上弯曲至最大限度，掌心朝后。恢复至起始姿势，重复进行规定的次数。另一侧手紧握弹力带时也是同样的动作要求。

01

02

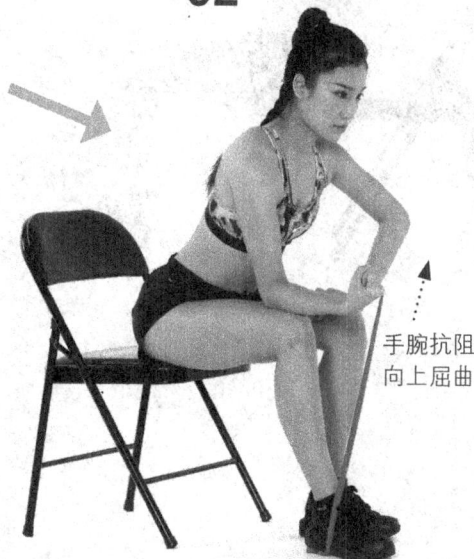

手腕抗阻
向上屈曲

目标肌群 屈腕肌群。

指导要点 手臂尽量保持不动。

75

训练椅 – 双侧臂屈伸

动作步骤

扫一扫，视频同步学

01 身体位于训练椅前方，双腿弯曲至膝关节呈90度角，双脚撑地，双臂伸直，双手分别紧握弹力带两端并支撑于身后的椅面上，使弹力带从身体前侧肩部绕过，保持弹力带有一定张力。

02 身体下沉，双臂向后弯曲至肘关节呈90度角。恢复至起始姿势，重复进行规定的次数。

01

02

弯曲双侧肘关节

目标肌群 肱三头肌、肩关节周围肌群。

指导要点 保持核心收紧和身体稳定。

旋转上提

动作步骤

01 身体直立，双脚分开，与肩同宽，一侧脚踩住弹力带中间，躯干向弹力带一侧扭转，双手交叠握住弹力带两端，保持弹力带有一定张力。

02~03 保持双臂伸直，躯干向对侧转动，同时，双臂也随之向侧面斜上方45度拉伸弹力带。恢复至起始姿势，重复进行规定的次数。另一侧脚踩住弹力带时也是同样的动作要求。

扫一扫，视频同步学

01

02
上提至正前方

03
上提至对角线方向头顶侧方

目标肌群 核心肌群。

指导要点 保持核心收紧和身体稳定。

旋转下砍 —

01 身体直立，双脚分开，超过肩宽，躯干扭转至侧面，双臂向侧面斜上方45度伸展，双手交叠紧握弹力带一端，弹力带另一端固定在体侧上方的其他物体上，保持弹力带有一定张力。

02~03 保持双臂伸直，躯干向对侧转动，同时，双臂随之向侧面斜下方45度拉伸弹力带。恢复至起始姿势，重复进行规定的次数。向另一侧旋转时也是同样的动作要求。

扫一扫，视频同步学

01 02 03

目标肌群 核心肌群。

指导要点 保持核心收紧和身体稳定。

站姿 - 躯干侧屈

动作步骤

01 身体直立，双脚分开，与肩同宽，一侧脚踩住弹力带一端，同侧手紧握弹力带另一端，双臂自然下垂，保持弹力带有一定张力。

02 保持双臂伸直，躯干向弹力带对侧弯曲至最大限度。恢复至起始姿势，重复进行规定的次数。另一侧手紧握弹力带时也是同样的动作要求。

扫一扫，视频同步学

01

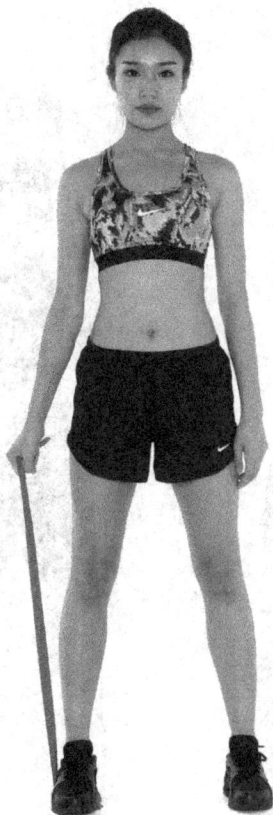

02

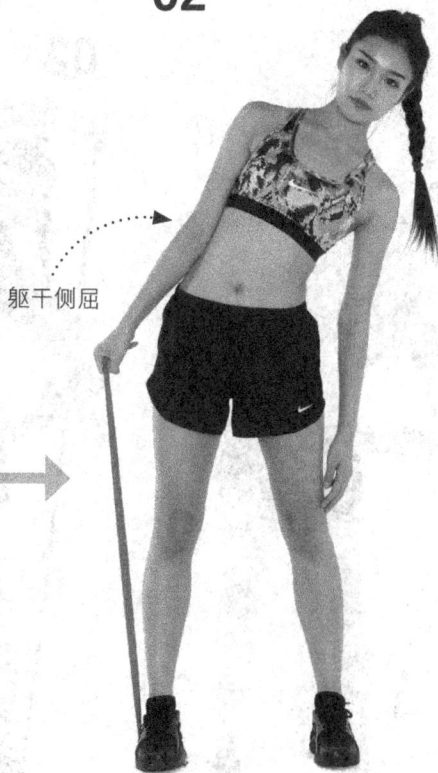

躯干侧屈

目标肌群 腰方肌。

指导要点 保持核心收紧和身体稳定。

站姿 - 风车练习 ▬

扫一扫，视频同步学

动作步骤

01 身体直立，双脚分开，与肩同宽，一侧脚踩住弹力带一端，同侧手扶于腰部，躯干向弹力带一侧弯曲，另一侧手臂向上抬起并向对侧弯曲过头顶，单手紧握弹力带另一端，保持弹力带有一定张力。

02 ~ 03 保持手臂姿势不变，躯干恢复至直立姿势。恢复至起始姿势，重复进行规定的次数。另一侧手紧握弹力带时也是同样的动作要求。

01

02

03

身体恢复至
直立状态

目标肌群 腰方肌。

指导要点 保持核心收紧和身体稳定。

站姿 – 躯干旋转 ▬

动作步骤

01 身体直立，双脚分开，与肩同宽，双臂向上弯曲，双手交叠紧握弹力带一端置于胸前，弹力带另一端固定在体侧等高的其他物体上，保持弹力带有一定张力。

02 保持手臂姿势不变，躯干向弹力带对侧旋转90度，双臂也随之拉伸弹力带向侧面转动90度。恢复至起始姿势，重复进行规定的次数。向另一侧旋转时也是同样的动作要求。

直臂动作变式 ▶

关于弹力带

训练方案

训练动作

01

02

躯干向对侧旋转

目标肌群 核心肌群。

指导要点 保持核心收紧和身体稳定。

81

仰卧 - 双腿臀桥

01 身体仰卧于垫上，双腿弯曲至膝关节呈90度角，双脚撑地，双臂伸展于体侧，双手分别紧握弹力带两端，使弹力带从腹部绕过，保持弹力带有一定张力。

02 向上顶髋，使躯干与大腿呈一条直线。恢复至起始姿势，重复进行规定的次数。

扫一扫，视频同步学

01

02

向上抗阻做
双腿臀桥

目标肌群 ▶ 核心肌群。

指导要点 ▶ 保持躯干和大腿呈一条直线。

侧桥 ▬

扫一扫，视频同步学

关于弹力带

训练方案

训练动作

动作步骤

身体伸展侧卧于垫上，双手分别紧握弹力带两端，使弹力带从背部绕过，一侧手臂向下伸展支撑身体，另一侧手臂向上伸展，双臂均垂直于地面，上侧腿置于下侧腿前方，双脚撑地，保持弹力带有一定张力，保持该姿势达到规定时间。另一侧手臂支撑身体时也是同样的动作要求。

双臂伸直

一只手握住弹力带支撑在地面上

目标肌群 核心肌群。

指导要点 保持身体呈一条直线。

弓步平衡 —

扫一扫，视频同步学

动作步骤

上身直立，身体略微下蹲且单腿向前跨步，使双腿分开
呈弓步姿势，双臂弯曲置于腰部，将弹力带一端绕过腰
部固定，弹力带另一端固定在面前等高的其他物体上，
保持弹力带有一定张力，保持该姿势达到规定时间。另
一侧腿向前跨步时也是同样的动作要求。

向前做弓箭步

目标肌群 核心肌群、下肢肌群。

指导要点 保持核心收紧和身体稳定。

站姿 - 侧方阻力平衡 ___

扫一扫，视频同步学

动作步骤

身体直立，一侧腿伸展撑地，另一侧腿向后弯曲至小腿与地面平行，双臂自然下垂，将弹力带中间绕过腰部，弹力带两端固定在体侧等高的其他物体上，保持弹力带有一定张力，保持该姿势达到规定时间。另一侧腿撑地时也是同样的动作要求。

抬起一只脚
稳定站立

目标肌群 核心肌群、下肢肌群。

指导要点 保持核心收紧和身体稳定。

单腿 - 反向平板

扫一扫，视频同步学

动作步骤

身体仰卧于垫上，一侧腿弯曲，脚部撑地，另一侧腿向前伸展，双臂向下伸展，双手分别紧握弹力带两端支撑于垫面，使弹力带从腹部绕过，保持弹力带有一定张力，向上顶髋，使躯干与大腿呈一条直线且支撑腿的膝关节呈90度角，伸展腿悬空并与地面平行，保持该姿势达到规定时间。另一侧腿撑地时也是同样的动作要求。

双腿动作变式

单侧腿抬起

向上顶髋

双手握住弹力带支撑在地面上

目标肌群 核心肌群、臀部肌群。

指导要点 保持髋关节和大腿呈一条直线。

迷你带 – 登山练习

扫一扫，视频同步学

动作步骤

01 身体俯卧于垫上，双臂向下伸展支撑身体，双腿伸直，脚尖撑地，保持平板姿势，将环状迷你弹力带绕过双脚足底，保持弹力带有一定张力。

02~04 保持躯干姿势不变，一侧腿向上弯曲至髋关节和膝关节均呈45度角，接着回到原位，再换另一侧腿向上弯曲至髋关节和膝关节均呈45度角，之后回到原位，重复进行规定的次数。

01

02

一侧腿向前呈登山姿势　屈膝屈髋

03

04

一侧腿向前呈登山姿势　屈膝屈髋

目标肌群 核心肌群、屈髋肌群。

指导要点 保持核心收紧和身体稳定。

迷你带 - 四点支撑 - 髋关节三方向激活

扫一扫，视频同步学

动作步骤

01 身体跪于垫上，双膝并拢，躯干向下倾斜至髋关节和膝关节均呈90度角，双臂竖直支撑于垫面，将环状迷你弹力带绕过双腿膝关节上方，保持弹力带有一定张力。

02~06 保持躯干姿势不变和双臂伸直，一侧腿向侧面拉伸弹力带至适当距离，接着回到原位，再向斜后方45度拉伸弹力带至适当距离，之后回到原位，然后向正后方拉伸弹力带至适当距离，最后回到原位，重复进行规定的次数。另一侧腿拉伸时也是同样的动作要求。

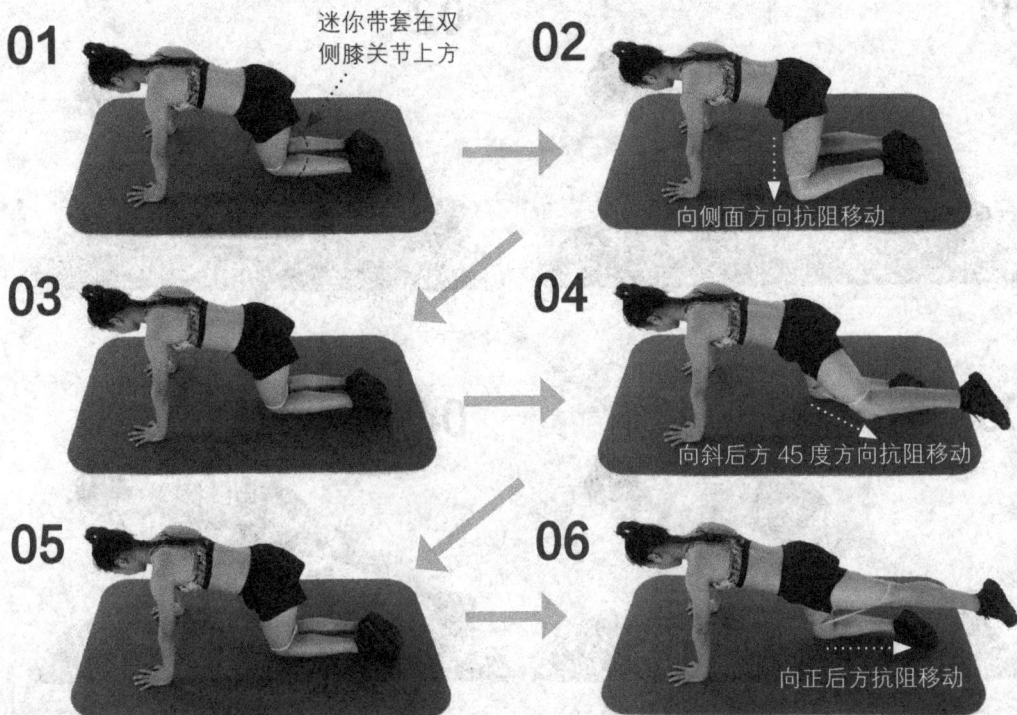

01 迷你带套在双侧膝关节上方

02 向侧面方向抗阻移动

03

04 向斜后方45度方向抗阻移动

05

06 向正后方抗阻移动

目标肌群 核心肌群、臀部肌群。

指导要点 保持核心收紧，背部平直，身体稳定。

仰卧－卷腹

扫一扫，视频同步学

动作步骤

01 身体仰卧于垫上，双腿弯曲至膝关节接近90度角，双脚撑地，双臂向上伸展至与地面垂直，双手分别紧握弹力带两端，弹力带中间固定在头部后方的其他物体上，保持弹力带有一定张力。

02 保持手臂姿势不变，躯干向上抬起呈卷腹姿势。恢复至起始姿势，重复进行规定的次数。

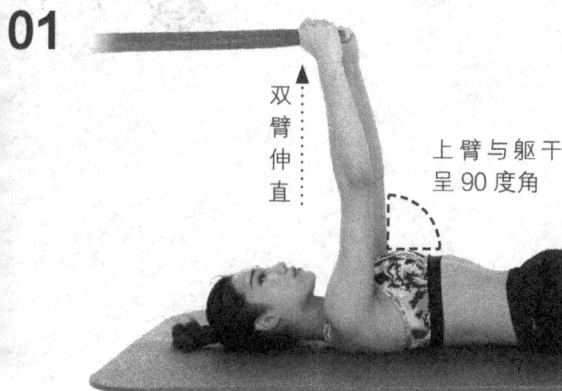

关于弹力带

训练方案

训练动作

01

双臂伸直

上臂与躯干呈90度角

02

向前抗阻卷腹

上臂与躯干保持角度不变

目标肌群 腹直肌。

指导要点 保持核心收紧和身体稳定。颈部不要用力。

半跪姿 - 挺身

扫一扫，视频同步学

动作步骤

01 身体半跪于垫上，一侧腿向上弯曲至髋关节和膝关节均呈90度角，脚部撑地，双手交叠于胸前并紧握弹力带两端，使弹力带从身体背部绕过并固定在前面等高的其他物体上，另一侧腿向后弯曲至膝关节呈90度角，膝盖撑地，躯干向前倾斜，使肘关节与膝关节接触，保持弹力带有一定张力。

02 保持手臂姿势不变，躯干向上挺起呈直立状态。恢复至起始姿势，重复进行规定的次数。另一侧腿在前时也是同样的动作要求。

坐姿动作变式

01

02

向后抗阻起身

向前顶髋

目标肌群 竖脊肌、臀肌。

指导要点 保持背部伸展和稳定，避免向前或向后屈背。

深蹲 —

动作步骤

01 身体直立，双脚分开，与肩同宽，并踩住弹力带中间，双手分别紧握弹力带两端，双臂向上弯曲至肩部外侧，保持弹力带有一定张力。

02~03 保持手臂姿势不变，身体下蹲。恢复至起始姿势，重复进行规定的次数。

扫一扫，视频同步学

关于弹力带

训练方案

训练动作

01

02

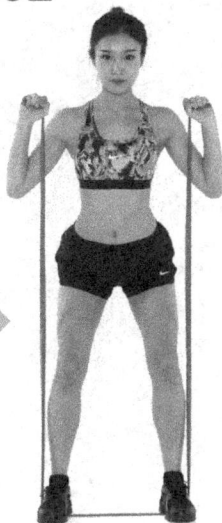

03

目标肌群 股四头肌、臀大肌、腘绳肌。

指导要点 下蹲时重心后移，膝关节尽量不超过脚尖。

双腿半蹲

动作步骤

01 身体直立，双脚分开，与肩同宽，并踩住弹力带中间，双手分别紧握弹力带两端，双臂向上弯曲至肩部外侧，保持弹力带有一定张力。

02 保持手臂姿势不变，身体下蹲至大腿与地面呈45度角。恢复至起始姿势，重复进行规定的次数。

单腿动作变式

01

02

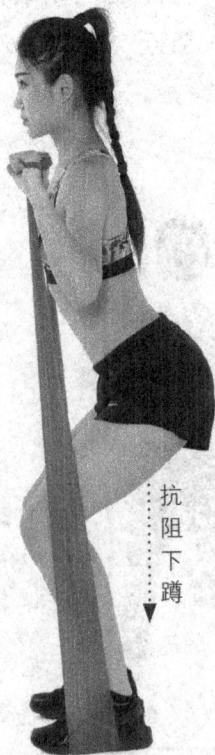

抗阻下蹲

目标肌群 股四头肌、腘绳肌。

指导要点 下蹲时重心后移，膝关节不超过脚尖。

半蹲位 - 单腿静力

扫一扫，视频同步学

动作步骤

上身直立，身体半蹲至大腿与地面约呈45度角，一侧腿撑地，另一侧小腿向前抬起至膝关节伸直，双臂弯曲置于髋部，将弹力带中间绕过腰部，弹力带两端固定在面前等高的其他物体上，保持弹力带有一定张力，保持该姿势达到规定时间。另一侧腿撑地时也是同样的动作要求。

双腿动作变式

关于弹力带

训练方案

训练动作

单腿半蹲

单腿抬起

目标肌群 股四头肌、腘绳肌、核心肌群。

指导要点 保持核心收紧和身体稳定。

弯举－分腿蹲

扫一扫，视频同步学

动作步骤

01 上身直立，单腿向前跨步，使双腿分开适当距离，前脚踩住弹力带中间，双臂向上弯曲至肩关节和肘关节均呈90度角，双手分别紧握弹力带两端，保持弹力带有一定张力。

02 保持手臂姿势不变，身体下蹲至前侧大腿与地面平行，后侧大腿与地面垂直。恢复至起始姿势，重复进行规定的次数。另一侧腿向前跨步时也是同样的动作要求。

01

双臂弯举

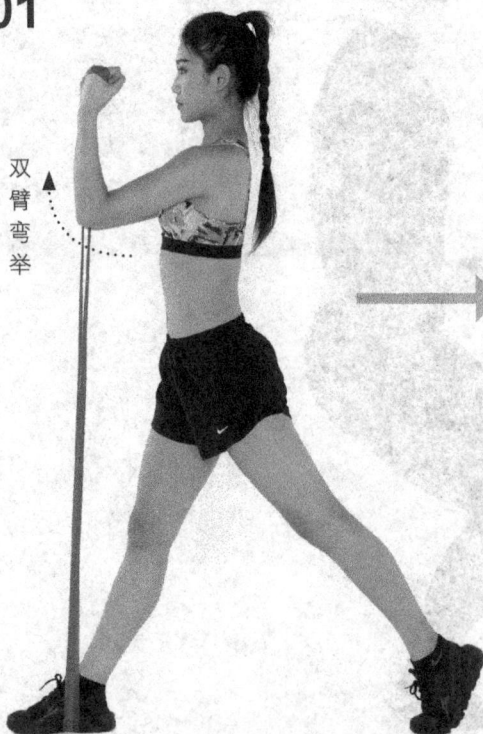

02

分腿下蹲

目标肌群 ▸ 股四头肌、臀大肌、腘绳肌。

指导要点 ▸ 重心放置在前脚上。下蹲时膝盖尽量不超过脚尖。

后腿抬高分腿蹲 ___

01 身体背对训练椅直立，一侧腿向后抬起至脚尖支撑于椅面之上，另一侧腿伸展支撑于地面，将弹力带中间绕过足底，双臂向后弯曲，双手分别紧握弹力带两端置于腰侧，保持弹力带有一定张力。

02 保持手臂姿势不变，身体下蹲至前侧大腿与地面平行。恢复至起始姿势，重复进行规定的次数。另一侧腿后抬时也是同样的动作要求。

扫一扫，视频同步学

关于弹力带

训练方案

训练动作

01

02

下蹲

目标肌群 股四头肌、腘绳肌、臀大肌。

指导要点 下蹲时重心后移，膝关节不超过脚尖。

阻力 - 动态分腿蹲

01 身体直立，双脚分开，与肩同宽，双臂弯曲置于腰部，将弹力带两端分别缠绕在双脚踝关节上，保持弹力带有一定张力。

02~03 保持躯干姿势不变，一侧腿向上抬起，之后向前跨步至前侧大腿与地面平行，后侧大腿与地面垂直。恢复至起始姿势，重复进行规定的次数。另一侧腿抬起时也是同样的动作要求。

扫一扫，视频同步学

01

02

03

单侧腿抬起

向前弓步

目标肌群 股四头肌、臀大肌、腘绳肌、屈髋肌群。

指导要点 保持核心收紧和身体稳定。

阻力前弓步

动作步骤

01 身体直立，双脚分开，与肩同宽，双臂弯曲置于腰部，将弹力带中间绕过腰部，弹力带两端固定在身后等高的其他物体上，保持弹力带有一定张力。

02 保持手臂姿势不变，上身直立，单腿向前跨步下蹲，使双腿分开呈弓步姿势。恢复至起始姿势，重复进行规定的次数。另一侧腿向前跨步时也是同样的动作要求。

扫一扫，视频同步学

01

02

向前弓步

目标肌群 股四头肌、腘绳肌、核心肌群。

指导要点 保持核心收紧和身体稳定。下蹲时膝盖尽量不超过脚尖。

迷你带 – 半蹲 – 侧向走

01 躯干向前倾斜，身体半蹲至大腿与地面约呈45度角，双脚分开，与肩同宽，将环状迷你弹力带绕过双腿踝关节，双臂向上弯曲至手到达胸前，保持弹力带有一定张力。

02~03 保持半蹲姿势，一侧腿向同侧迈步，同侧手臂向前摆动，对侧手臂向后摆动，另一侧腿跟随迈步，使双脚间距恢复与肩同宽，手臂也回到原位，重复进行规定的距离。向另一侧迈步时也是同样的动作要求。

扫一扫，视频同步学

01

02

侧向小步走

03

另一只脚同样侧向小步走

目标肌群 臀部肌群。

指导要点 保持核心收紧和身体稳定。重心不要起伏。

迷你带 - 半蹲 - 直线走

扫一扫，视频同步学

动作步骤

01 躯干向前倾斜，身体半蹲至大腿与地面约呈45度角，双脚分开，超过肩宽，将环状迷你弹力带绕过双腿踝关节，双臂向上弯曲至手到达胸前，保持弹力带有一定张力。

02~03 保持半蹲姿势，一侧腿向前迈步，身体重心向前转移，同侧手臂向后摆动，另一侧腿脚尖点地，同侧手臂向前摆动，之后另一侧腿向前迈步，手臂交替摆动，重复进行规定的距离。

深蹲动作变式

关于弹力带

训练方案

训练动作

01

02

03

目标肌群 臀部肌群。

指导要点 保持核心收紧和身体稳定。重心不要起伏。

站姿 - 双腿硬拉

扫一扫，视频同步学

动作步骤

01 躯干向前倾斜，身体略微下蹲至大腿与地面呈45度角，双脚分开，与肩同宽，并踩住弹力带中间，双手分别紧握弹力带两端，双臂向下伸展至手部到达膝关节两侧，保持弹力带有一定张力。

02～03 保持手臂伸直，身体向上直立，双臂自然下垂于体侧。恢复至起始姿势，重复进行规定的次数。

01

02

向上硬拉弹力带

03

硬拉至躯干挺直

目标肌群 臀大肌、腘绳肌。

指导要点 保持核心收紧和身体稳定。

站姿 - 单侧髋后伸

扫一扫，视频同步学

01 身体直立，双脚分开，与肩同宽，双臂弯曲置于腰部，将弹力带一端绕过一侧踝关节固定，弹力带另一端固定在脚前等高的其他物体上，保持弹力带有一定张力。

02 保持躯干姿势不变，环绕弹力带的腿向后拉伸弹力带至腿与地面呈45度角。恢复至起始姿势，重复进行规定的次数。另一侧腿拉伸时也是同样的动作要求。

关于弹力带

训练方案

训练动作

01

02

单侧腿向后伸

目标肌群 臀大肌、腘绳肌。

指导要点 保持膝关节伸直和身体稳定。上身不要前倾。

站姿 - 单侧髋前屈

动作步骤

01 身体直立，双脚分开，与肩同宽，双臂弯曲置于腰部，将弹力带一端绕过一侧踝关节固定，弹力带另一端固定在身后等高的其他物体上，保持弹力带有一定张力。

02~03 保持躯干姿势不变，环绕弹力带的腿向前抬起拉伸弹力带至腿与地面呈45度角。恢复至起始姿势，重复进行规定的次数。另一侧腿拉伸时也是同样的动作要求。

扫一扫，视频同步学

01

02

03

单侧腿抬起

髋关节前屈，避免膝关节弯曲

目标肌群 屈髋肌群。

指导要点 保持膝关节伸直和身体稳定。

站姿 – 单侧髋内收

动作步骤

01 身体直立，双臂弯曲置于腰部，一侧腿伸展，脚支撑地面，另一侧腿向体侧伸展，脚尖点地，将弹力带一端绕过踝关节固定，弹力带另一端固定在体侧等高的其他物体上，保持弹力带有一定张力。

02～03 保持躯干姿势不变，腿向内拉伸弹力带至身体正面位置，之后继续向对侧拉伸弹力带至身体对侧位置。恢复至起始姿势，重复进行规定的次数。另一侧腿拉伸时也是同样的动作要求。

扫一扫，视频同步学

关于弹力带

训练方案

训练动作

01　　**02**　　**03**

目标肌群　髋内收肌群。

指导要点　保持膝关节伸直和身体稳定。

站姿 – 单侧髋外展 ▂

动作步骤 ▶

01 身体直立，双脚分开，与肩同宽，双臂弯曲置于腰部，将弹力带一端绕过一侧踝关节固定，另一侧脚踩住弹力带另一端，保持弹力带有一定张力。

02～03 保持躯干姿势不变，环绕弹力带的腿向体侧拉伸弹力带至腿部与地面呈45度角。恢复至起始姿势，重复进行规定的次数。另一侧腿拉伸时也是同样的动作要求。

01

02

03

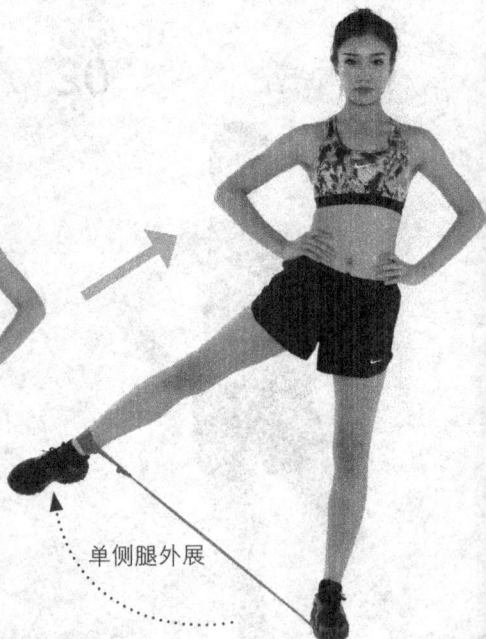

单侧腿外展

目标肌群 髋外展肌群。

指导要点 保持膝关节伸直和身体稳定。

站姿 – 单侧髋外旋

动作步骤

01 身体直立，双臂弯曲置于腰部，一侧腿伸展，脚部撑地，另一侧腿向后弯曲至膝盖呈90度角且小腿置于瑞士球上，将弹力带一端绕过膝关节上方固定，弹力带另一端固定在体侧等高的其他物体上，保持弹力带有一定张力。

02 保持躯干姿势不变，环绕弹力带的腿向外滚动瑞士球并拉伸弹力带至大腿与地面呈45度角。恢复至起始姿势，重复进行规定的次数。另一侧腿拉伸时也是同样的动作要求。

扫一扫，视频同步学

01

02

单侧髋外旋

目标肌群 髋外旋肌群。

指导要点 保持核心收紧和身体稳定。

站姿 - 双脚提踵 —

扫一扫，视频同步学

动作步骤

01 身体直立，双腿并拢，双脚前脚掌踩住弹力带中间，双手分别紧握弹力带两端，双臂自然下垂，保持弹力带有一定张力。

02 保持身体姿势不变，足跟向上抬起至最大限度。恢复至起始姿势，重复进行规定的次数。

01

02

向上提踵

目标肌群 小腿三头肌。

指导要点 保持核心收紧和身体稳定。

迷你带 - 坐姿 - 双侧髋外展

01 身体坐于训练椅上，双腿弯曲，双脚撑地，双臂弯曲，双手扶于膝盖，将环状迷你弹力带绕过双腿膝关节，使双腿并拢，保持弹力带有一定张力。

02 保持躯干姿势不变，双腿向两侧拉伸弹力带至最大限度。恢复至起始姿势，重复进行规定的次数。

扫一扫，视频同步学

关于弹力带

训练方案

训练动作

01

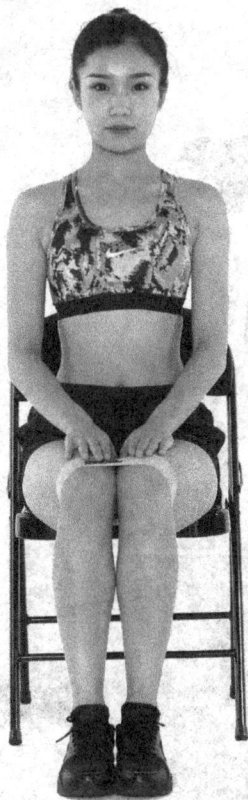

02

双侧同时
髋外展

目标肌群 髋外展肌群。

指导要点 保持核心收紧和身体稳定。

坐姿 – 单侧踝背屈

扫一扫，视频同步学

动作步骤 ▶

01 身体坐于与腰部等高的跳箱上，上身直立，双臂自然下垂，双手扶于箱面，膝关节位于跳箱外侧并弯曲，小腿悬空，将弹力带一端绕过一侧前脚掌固定，使脚尖朝下，弹力带另一端固定在腿后下方的其他物体上，保持弹力带有一定张力。

02 保持躯干姿势不变，前脚掌向上拉伸弹力带至踝关节弯曲到最大限度。恢复至起始姿势，重复进行规定的次数。另一侧前脚掌拉伸时也是同样的动作要求。

直膝动作变式 ▶

01

02

单侧脚做勾脚尖动作

目标肌群 ▶ 胫骨前肌。

指导要点 ▶ 保持核心收紧和身体稳定。

坐姿 – 单侧踝跖屈

动作步骤

01 身体坐于与腰部等高的跳箱上，上身直立，膝关节位于跳箱外侧并弯曲，小腿悬空，将弹力带一端绕过一侧前脚掌固定，使脚尖朝斜上方，双臂向前伸展，双手紧握弹力带另一端置于膝关节上方，保持弹力带有一定张力。

02 保持躯干姿势不变，前脚掌向下拉伸弹力带至踝关节跖屈到最大限度。恢复至起始姿势，重复进行规定的次数。另一侧踝关节跖屈时也是同样的动作要求。

直膝动作变式

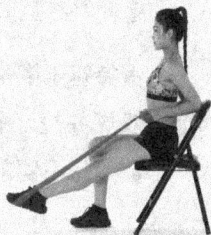

关于弹力带

训练方案

训练动作

01

02

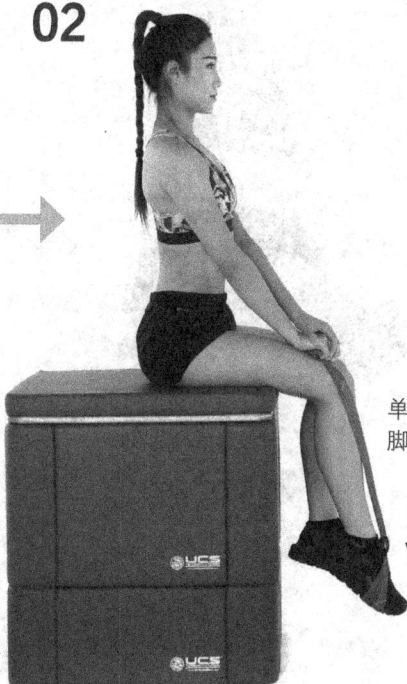

单侧脚做踮脚尖动作

目标肌群 比目鱼肌。

指导要点 保持核心收紧和身体稳定。

单侧足内翻

01 身体坐于按摩床上，躯干略微后仰，双臂伸展于身后支撑身体，双腿向前伸展，将弹力带一端绕过一侧前脚掌固定，使脚尖朝外，弹力带另一端固定在腿侧等高的其他物体上，保持弹力带有一定张力。

02 保持躯干姿势不变，前脚掌向内旋转拉伸弹力带至双脚并拢。恢复至起始姿势，重复进行规定的次数。另一侧前脚掌拉伸时也是同样的动作要求。

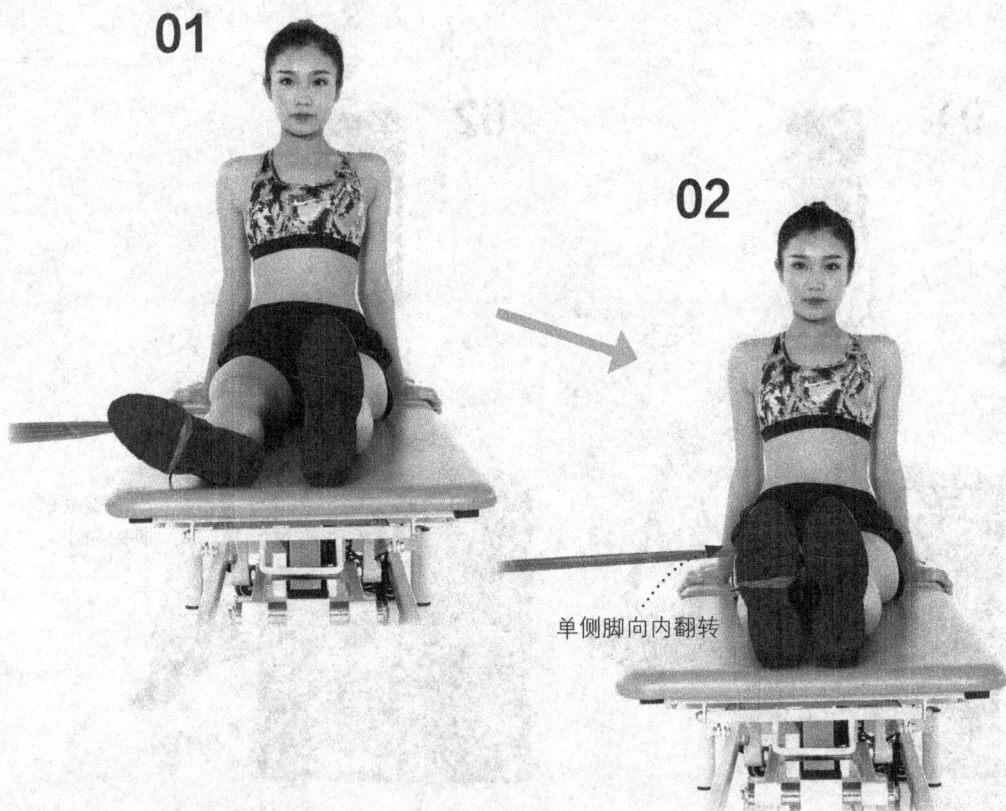

扫一扫，视频同步学

01

02

单侧脚向内翻转

目标肌群 胫骨前肌、胫骨后肌。

指导要点 保持膝关节伸直和身体稳定。

迷你带 - 双侧足外翻

01 身体坐于按摩床上，躯干略微后仰，双臂伸展于身后支撑身体，双腿向前伸展，将环状迷你弹力带绕过双脚前脚掌，保持弹力带有一定张力。

02 保持躯干姿势不变，前脚掌向两侧旋转拉伸弹力带至最大限度。恢复至起始姿势，重复进行规定的次数。

扫一扫，视频同步学

关于弹力带

训练方案

训练动作

01

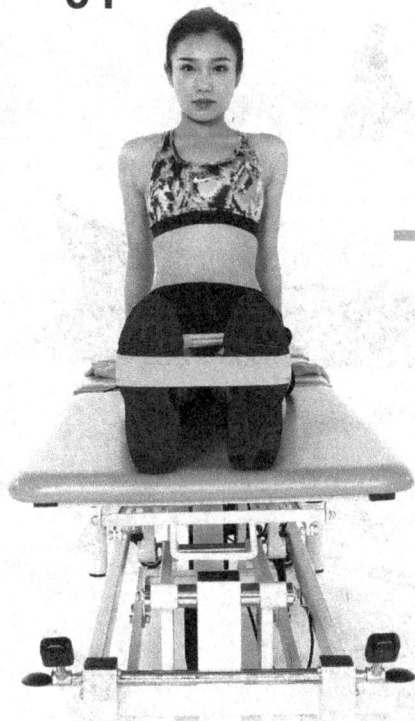

02

双侧脚同时向外翻转

目标肌群 腓骨长肌、腓骨短肌。

指导要点 保持膝关节伸直和身体稳定。

仰卧 - 单腿蹬

扫一扫，视频同步学

动作步骤

01 身体仰卧于垫上，一侧腿伸展，另一侧腿向上抬起弯曲至髋关节和膝关节均呈45度角，将弹力带中间绕过足底，双臂向上弯曲，双手分别紧握弹力带两端置于胸前，保持弹力带有一定张力。

02 保持手臂姿势不变，悬空腿向前拉伸弹力带至膝关节伸直。恢复至起始姿势，重复进行规定的次数。另一侧腿伸展时也是同样的动作要求。

坐姿动作变式

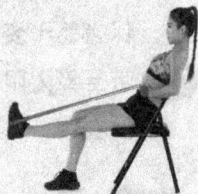

01

单侧腿屈髋屈膝

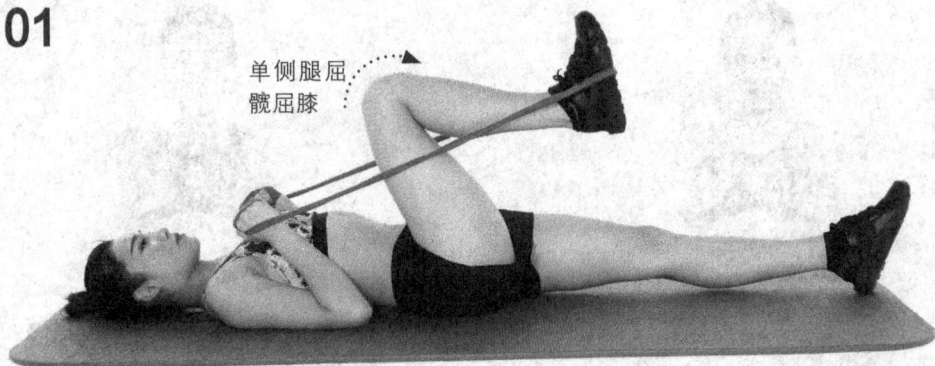

02

单侧伸髋伸膝至膝关节伸直

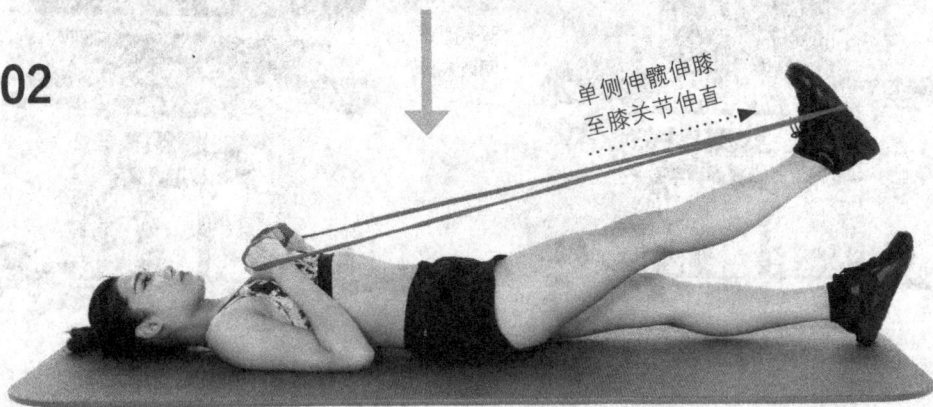

目标肌群 股四头肌。

指导要点 保持核心收紧和身体稳定。

俯卧 – 单侧屈膝

动作步骤

01 身体俯卧于垫上，双臂向上弯曲置于头顶，双腿伸直，将弹力带一端绕过一侧踝关节固定，弹力带另一端固定在脚后等高的其他物体上，保持弹力带有一定张力。

02 保持躯干姿势不变，环绕弹力带的腿向上抬起拉伸弹力带至小腿与地面垂直。恢复至起始姿势，重复进行规定的次数。另一侧腿拉伸时也是同样的动作要求。

扫一扫，视频同步学

关于弹力带

训练方案

训练动作

01

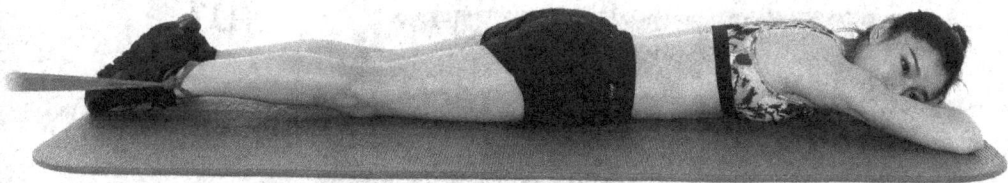

单侧腿抗阻屈膝至小腿与地面垂直

02

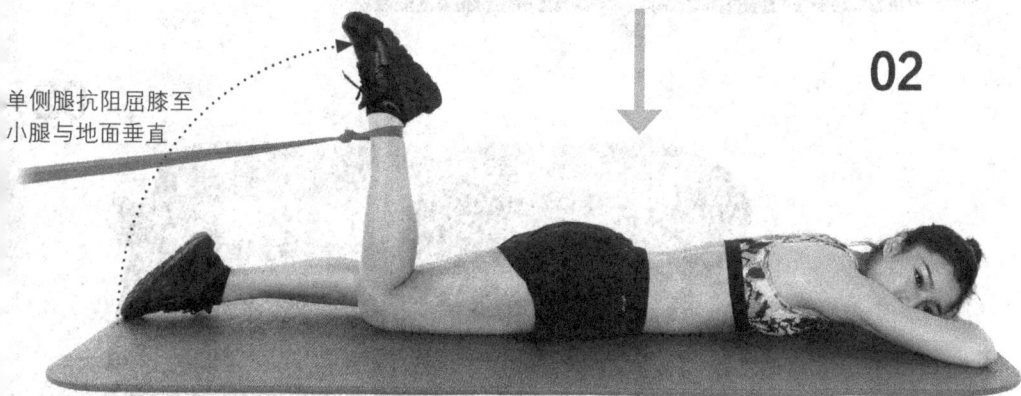

目标肌群 腘绳肌。

指导要点 保持核心收紧和身体稳定。

侧卧 - 单侧伸膝

扫一扫，视频同步学

动作步骤

01 身体侧卧于垫上，下侧手臂向上弯曲并用手支撑头部，上侧手臂弯曲置于身前，下侧腿伸直，将弹力带一端绕过上踝关节固定，使小腿向后弯曲至膝关节呈90度角，弹力带另一端固定在身后等高的其他物体上，保持弹力带有一定张力。

02 保持躯干姿势不变，上侧小腿向前拉伸弹力带至腿部完全伸直，双腿平行。恢复至起始姿势，重复进行规定的次数。另一侧腿拉伸时也是同样的动作要求。

坐姿动作变式

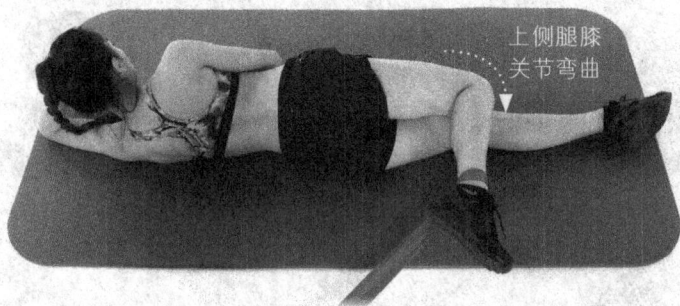

01

上侧腿膝关节弯曲

02

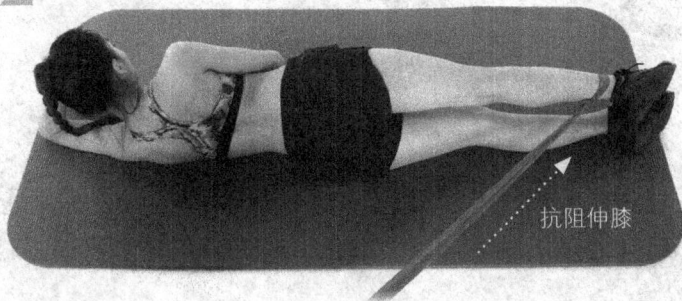

抗阻伸膝

目标肌群 股四头肌。

指导要点 保持核心收紧和身体稳定。

深蹲后拉

动作步骤

01 身体直立，双脚分开，与肩同宽，双臂向前下方伸展，双手分别紧握弹力带两端，弹力带中间固定在面前等高的其他物体上，保持弹力带有一定张力。

02 身体下蹲，同时双臂向后拉伸弹力带至双手到达接近胸部的位置。恢复至起始姿势，重复进行规定的次数。

扫一扫，视频同步学

关于弹力带

训练方案

训练动作

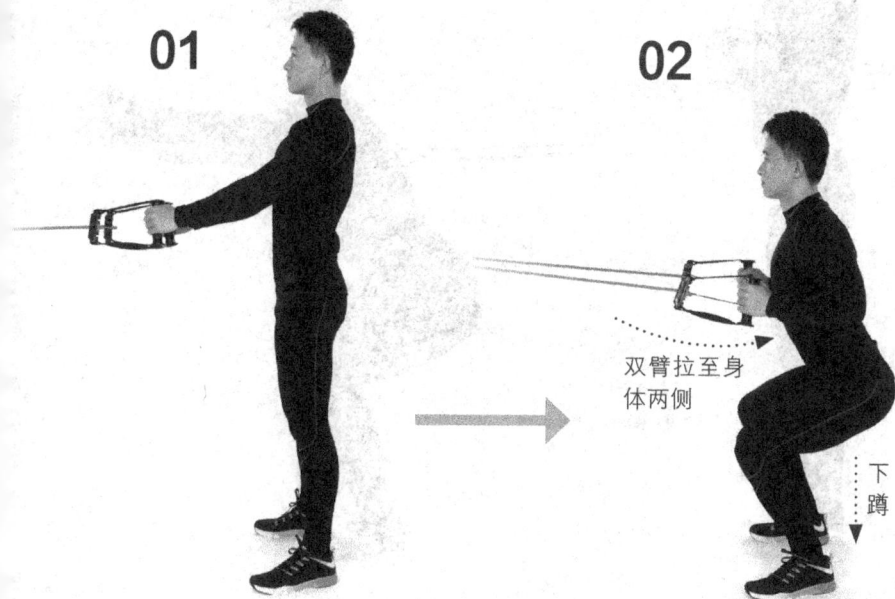

01

02

双臂拉至身体两侧

下蹲

目标肌群 斜方肌、背阔肌、臀大肌、股四头肌、腘绳肌。

指导要点 下蹲时重心后移，膝关节不超过脚尖。保持肩胛骨稳定。

深蹲前推

动作步骤

01 身体直立，双脚分开，与肩同宽，双臂向上弯曲至肘关节呈90度角，双手分别紧握弹力带两端，弹力带中间固定在身后等高的其他物体上，保持弹力带有一定张力。

02 身体下蹲，同时躯干向前倾斜，双臂向前拉伸弹力带至双臂与地面平行。恢复至起始姿势，重复进行规定的次数。

01

02

双臂前推至肘关节伸直

目标肌群 股四头肌、腘绳肌、臀大肌、胸大肌、三角肌前束。

指导要点 下蹲时重心后移，膝关节不超过脚尖。

分腿蹲 – 后拉

动作步骤

01 上身直立，单腿向前跨步，使双腿分开适当距离，双臂前平举，双手紧握弹力带两端，弹力带中间固定在面前等高的其他物体上，保持弹力带有一定张力。

02 双臂向后拉伸弹力带至肘关节呈90度角，同时身体下蹲至前侧大腿与地面平行，后侧大腿与地面垂直。恢复至起始姿势，重复进行规定的次数。另一侧腿向前跨步时也是同样的动作要求。

扫一扫，视频同步学

01

02

双臂同时后拉弹力带

下蹲

目标肌群 斜方肌、背阔肌、股四头肌、腘绳肌、臀大肌。

指导要点 保持核心收紧和身体稳定。下蹲时膝盖尽量不超过脚尖。

深蹲跳 —

扫一扫，视频同步学

动作步骤

01 躯干向前倾斜，身体半蹲至大腿与地面约呈45度角，双脚分开，与肩同宽，双臂伸展于体侧，双手分别紧握弹力带两端，弹力带中间固定在面前等高的其他物体，保持弹力带有一定张力。

02 双臂快速向上摆动至超过头顶，身体随之直立，双脚蹬地，使身体向上跳起。恢复至起始姿势，重复进行规定的次数。

01

02

迅速向上跳

目标肌群 股四头肌、臀大肌、腘绳肌、小腿三头肌、三角肌、斜方肌、核心肌群。

指导要点 下蹲时重心后移，膝关节不超过脚尖。

爆发力上台阶

01 身体站立于跳箱之前，一侧腿屈髋屈膝，脚支撑于跳箱之上，同侧手臂向后弯曲，另一侧腿伸展，脚支撑于地面，同侧手臂向前弯曲，双手握拳，将弹力带中间绕过腰部，弹力带两端固定在身后等高的其他物体上，保持弹力带有一定张力。

02 保持上身直立，立于跳箱的腿快速向上伸展，身体随之向上移动，立于地面的腿上提并向前弯曲至大腿与地面平行，双臂也随之反向摆动呈交换姿势。恢复至起始姿势，重复进行规定的次数。另一侧腿站于跳箱时也是同样的动作要求。

扫一扫，视频同步学

关于弹力带

训练方案

训练动作

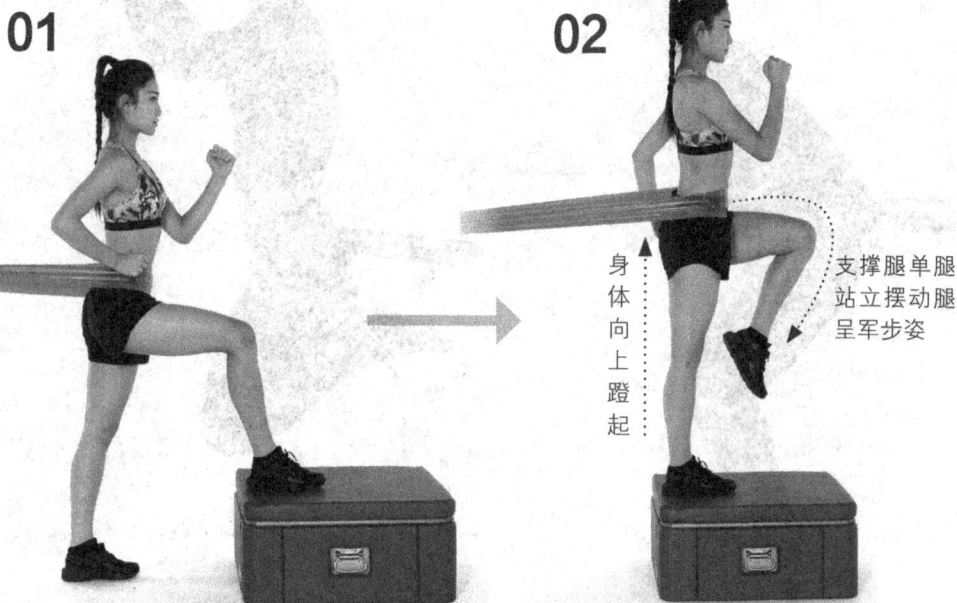

01

02

身体向上蹬起

支撑腿单腿站立摆动腿呈军步姿

目标肌群 核心肌群、股四头肌、腘绳肌、臀大肌。

指导要点 爆发力动作衔接连贯，保持身体稳定。

跳跃踢臀 —

01 躯干向前倾斜，身体略微下蹲且双脚分开，与肩同宽，双臂伸展置于体侧，将弹力带中间绕过腰部，弹力带两端固定在身后等高的其他物体上，保持弹力带有一定张力。

02 双臂向上摆动并弯曲至手部到达头部前方，躯干直立，双脚蹬地，使身体向上跳起，同时双腿向后弯曲至足跟接触臀部。恢复至起始姿势，重复进行规定的次数。

扫一扫，视频同步学

01

02

双臂摆动

身体向上跳，双足根触碰臀部。

目标肌群 股四头肌、腘绳肌、小腿三头肌、臀大肌。

指导要点 保持核心收紧和身体稳定。

阻力跳箱 __

扫一扫，视频同步学

动作步骤

01 身体站立于跳箱之前，躯干向前倾斜，身体半蹲至大腿与地面约呈45角，双脚分开，与肩同宽，双臂伸展于体侧，将弹力带中间绕过腰部，弹力带两端固定在身后等高的其他物体上，保持弹力带有一定张力。

02 ～ 03 双臂快速向上弯曲摆动至头部，躯干随之直立，双脚蹬地，使身体向上并向前跳上跳箱，之后恢复躯干倾斜、身体半蹲、双臂伸展的姿势。恢复至起始姿势，重复进行规定的次数。

01 **02** **03**

抗阻起跳

双脚落在跳箱上

关于弹力带

训练方案

训练动作

目标肌群 核心肌群、股四头肌、腘绳肌、小腿三头肌。

指导要点 爆发力动作衔接连贯，保持身体稳定。

站姿 - 爆发力前推

扫一扫，视频同步学

动作步骤

01 身体直立，双脚分开，与肩同宽，双臂向上抬起至与地面平行，前臂弯曲至肘关节呈90度角并分别紧握弹力带的两端，弹力带的中间固定在身后等高的其他物体上，保持弹力带有一定张力。

02~03 保持身体姿势不变，双臂快速向前拉伸弹力带至手臂完全伸直，保持手臂和弹力带始终与地面平行。恢复至起始姿势，重复进行规定的次数。

01

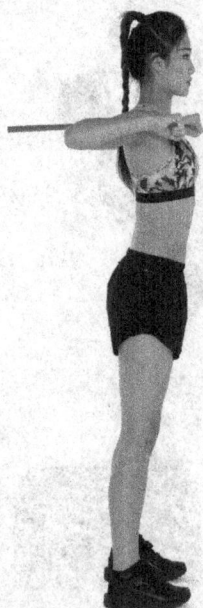

02

双臂向前推 ⟶

03

推至肘关节伸直 ⟶

目标肌群 胸大肌、三角肌前束。

指导要点 爆发力动作衔接连贯，保持身体稳定。

在线视频访问说明

本书提供了大部分训练动作的在线视频，您可通过微信"扫一扫"，扫描训练动作页面上的二维码进行观看。

步骤1

点击微信聊天界面右上角的"+"，弹出功能菜单（图1）。

步骤2

点击弹出的功能菜单上的"扫一扫"，进入该功能界面。扫描训练动作页面上的二维码，扫描后可直接观看视频（图2）。

图1

图2

扫描右方二维码添加企业微信。

1. 首次添加企业微信，即刻领取免费电子资源。

2. 加入体育爱好者交流群。

3. 不定期获取更多图书、课程、讲座等知识服务产品信息，以及参与直播互动、在线答疑和与专业导师直接对话的机会。

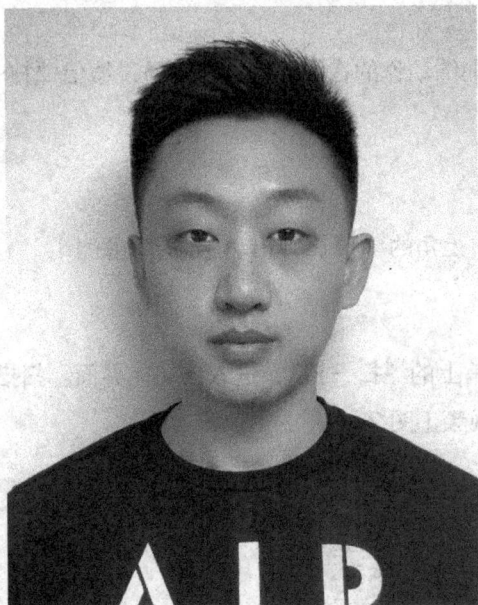

崔雪原

北京体育大学体育教育训练学（体能训练方向）硕士；国家体育总局训练局体能中心体能训练师；国家体育总局备战 2012 伦敦奥运会身体功能训练团队成员；曾经担任游泳奥运冠军汪顺体能教练、帆板世界冠军陈佩娜私人体能教练及八一羽毛球队体能教练；为游泳、羽毛球、排球和篮球等项目的国家队提供过体能测试与训练服务；参与编写《身体功能训练动作手册》；译有《NASM-PES 美国国家运动医学学会运动表现指南（第 2 版）》。